O ADEVĂRATĂ ODISEE PERUVIANĂ A MÂNCĂRII DE STRADĂ

Explorând aromele autentice ale mâncării stradale peruane

BRATOSIN TOCMELEA

Material de drepturi de autor ©2023

Toate drepturile rezervate

Nicio parte a acestei cărți nu poate fi utilizată sau transmisă sub nicio formă sau prin orice mijloc fără acordul scris corespunzător al editorului și al proprietarului drepturilor de autor, cu excepția citatelor scurte utilizate într-o recenzie. Această carte nu trebuie considerată un substitut al sfaturilor medicale, juridice sau de altă natură profesională.

CUPRINS

CUPRINS 3
INTRODUCERE 6
MIC DEJUN 7
   1. Picarones/ Gogoși peruvian... 8
   2. Tacu Tacu/Pure de fasole și clătite de orez 11
   3. Terci de Quinoa Peruvian / Quinua Atamalada 14
   4. Tortilla de Espinaca / Omletă cu spanac 16
   5. Champorado / Terci de orez cu ciocolată.. 18
   6. Sangrecita.. 20
   7. Sandvișuri triple peruviane... 22
   8. Chilaquiles roșii cu ouă prăjite 24
   9. Mic dejun cu roșii și ouă prăjite pe pâine prăjită........................... 27
Aperitive și gustări 29
  10. Pan con Chicharrón / Sandwich de porc 30
  11. Tamales Peruanos /Peruvian Tamales 32
  12. Patacone/Pătlagină prăjită 34
  13. Ceviche de pește alb 36
  14. Tiradito/ Ceviche marinat picant 38
  15. Ceviche de Conchas Negras/Black Clam Ceviche....................... 40
  16. Papa Rellena/Cartofi umpluți 42
  17. Tequeños/Bețe de brânză cu sos de scufundare 45
  18. Cartofi prajiti Yuca 47
  19. Ceviche peruvian.. 49
  20. Papa a la Huancaína/Cartofi în stil Huancayo............................. 51
  21. Palta Rellena / Avocado umplut 53
PASTE 55
  22. Carapulcra cu Sopa Seca... 56
  23. Salata Tofu Lomo Saltado 58
  24. Spaghete verzi 60
  25. Sos verde cu Linguine 62
  26. Tallarines Rojos (Sos cu tăiței roșii)... 64
  27. Tallarines Verdes con Pollo (Titei verzi cu pui) 66
PENTRU LEGUME SI SALATE 68
  28. Causa Limeña/Caserolă de cartofi în stil Lima 69
  29. Rocoto Relleno/Ardei Rocoto umpluți 72
  30. Carapulcra/Tocanita de cartofi uscati 75
  31. Solterito/Salata Peruana 77
  32. Terină de cartofi picant (Causa Rellena) 79

33. Ensalada de Pallares (Salata peruana de fasole Lima) 81
34. Salata Aji de Gallina 83
35. Ensalada de Quinua (Salata de Quinoa) 85
36. Fasole Lima în sos de coriandru 87
37. Solterito de Quinua (Salata de Quinoa Solterito) 89

CARNE DE VID, MIEL ȘI PORC 91
38. Pachamanca / Carne andină și Legume 92
39. Carne a la Tacneña/Tacna-Style Beef 95
40. Seco de Cordero/Tocană de miel 98
41. Lomo Saltado /Carne de vită prăjită 100
42. Tacacho cu Cecina/banane prăjite și carne uscată 102
43. Adobo/Tocană de porc marinată 104
44. Causa de Pollo (Caserolă peruană de pui și cartofi) 106
45. Cordero a la Nortena (Miel în stil nordic) 108
46. Anticuchos / Inimă de vită la grătar Frigarui 110

PĂSĂRI 112
47. Estofado de Pollo/Tocană de pui 113
48. Arroz cu Pato/Duck Rice 116
49. Pollo a la Brasa/Rotisserie Chicken 119
50. Aji de Gallina /Pui în sos de ardei Aji 122
51. Causa de Pollo/Chicken Causa 125
52. Arroz Chaufa/Orez prăjit peruan 128
53. Arroz con Pollo (pui și orez peruvian) 130
54. Papa a la Huancaína cu Pollo 132
55. Aguadito de Pollo (supă peruană de pui și orez) 134
56. Pui și cartofi Pachamanca 136
57. Aji de Pollo (Pui în sos Aji picant) 138
58. Quinotto con Pollo (Risotto cu pui și quinoa) 140

PORCUȘOR DE GUINEEA 142
59. Picante de Cuy/Tocanita de cobai 143
60. Cuy Chactado (Cobai prăjit) 146
61. Pachamanca de Cuy (Cobai la cuptor subteran) 148
62. Cuy al Horno (cobai fript) 150
63. Cuy con Papa a la Huancaina 152
64. Cuy Saltado (porcușor de Guineea prăjit) 154
65. Cuy en Salsa de Mani (Cobai în sos de arahide) 156

PESTE SI FRUCTE DE MARE 158
66. Trucha a la Plancha/Pastrav la gratar 159
67. Parihuela/Supă de fructe de mare 161
68. Pește crud marinat cu lămâie (Cebiche) 164
69. Causa Rellena de Atún (Cauza umplută cu ton) 166

70. Chupe de Camarones/Crowmp Chowder 168
71. Chupe de Pescado/Fish Chowder 171
72. Arroz con Mariscos/Orez cu fructe de mare 174
73. Escabeche de Pescado/Pește murat 177
CHOWDERS 180
74. Chupe de Ollucos/Caudă de cartofi Olluco 181
75. Chupe de Camote/Caudă de cartofi dulci 183
76. Supă de pui și coriandru (Aguadito de Pollo) 185
77. Chupe de Lentejas/Caudra de linte 187
78. Chupe de Quinua/Quinoa Chowder 190
79. Chupe de Pallares Verdes/Caudra de fasole verde 192
80. Chupe de Papa/Caudra de cartofi 195
DESERT 198
81. Humitas/Prăjituri de porumb la abur 199
82. Arroz con Leche/Rice Pudding 202
83. Mazamorra Morada/Budincă de porumb violet 204
84. Mazamorra de Quinua/Budinca de Quinoa 207
85. Frejol Colado/Budincă de fasole 209
86. Sandvișuri cu biscuiți cu caramel (Alfajores) 211
87. Tort Tres Leches (Pastel de Tres Leches) 213
88. Suspiro a la Limeña (Desert peruvian de caramel și bezea) 216
89. Mazamorra Morada /Budincă de porumb violet 218
90. Picarones (Gogoși cu dovleac peruvian cu sirop) 220
91. Alfajores de Maicena (Alfajores de amidon de porumb peruvian) 222
92. Helado de Lucuma (înghețată Lucuma) 224
BĂUTURI 226
93. Chicha de Jora/Bere de porumb fermentată 227
94. Chicha Morada/Băutură de porumb violet 230
95. Inca Kola (sodă galbenă peruană) 232
96. Maracuyá Sour (Fructul pasiunii Sour) 234
97. Ceai de Coca (Mate de Coca) 236
98. Jugos Naturales (sucuri de fructe proaspete) 238
99. Pisco Punch 240
100. Coctel de Camu Camu (Cocktail de fructe Camu Camu) 242
CONCLUZIE 244

INTRODUCERE

Bine ați venit la „O adevărată odisee peruviană a mâncării de stradă", o călătorie culinară incitantă care vă va transporta papilele gustative pe străzile pline de viață din Peru. În această aventură, ne vom adânci în inima culturii vibrante ale mâncării stradale din Peru, unde aroma frigăruilor sfârâitoare și vorbăria vânzătorilor entuziaști creează o atmosferă ca nimeni altul.

Mâncarea stradală din Peru este un mozaic de arome, o reflectare a istoriei sale bogate și a diverselor influențe. Pe măsură ce ne îmbarcăm în această odisee, veți avea șansa de a explora gusturile și tradițiile autentice care definesc bucătăria stradală peruană. De la anticuchos de renume mondial la pietre prețioase mai puțin cunoscute, vom descoperi secretele acestor mâncăruri delicioase care au captat inimile și palatele localnicilor și călătorilor deopotrivă.

Pregătește-te să fii inspirat, în timp ce împărtășim poveștile din spatele vânzătorilor, ingredientele și tehnicile care fac din mâncarea stradală peruană o experiență cu adevărat de neuitat. Indiferent dacă sunteți un pasionat de mâncare experimentat sau nou în lumea aromelor peruviane, această carte vă invită să savurați esența Peruului, câte o bucată pe rând. Deci, haideți să pornim în această odisee savuroasă și împreună, vom descoperi aromele autentice ale mâncării stradale peruane.

MIC DEJUN

1.Picarones/ Gogoși peruvian

INGREDIENTE:
- 2 cani de piure de dovleac
- 2 cani de piure de cartofi dulci
- 1 cană făină universală
- 1/4 cană amidon de porumb
- 1 lingura drojdie uscată activă
- 1 lingura zahăr
- 1/2 linguriță. scorțișoară măcinată
- 1/4 lingurita. cuișoare
- 1/4 lingurita. anason măcinat
- 1/2 linguriță. sare
- Ulei vegetal, pentru prajit
- 1 cană melasă sau sirop de chancaca, pentru servire
- 1/2 cană semințe de susan prăjite, pentru garnitură

INSTRUCȚIUNI:

a) Într-un castron mare, combinați piureul de dovleac și piureul de cartofi dulci.
b) Se amestecă bine pentru a se combina.
c) Într-un castron mic separat, dizolvați drojdia uscată activă și zahărul în 1/4 cană apă caldă. Se lasa sa stea 5 minute sau pana devine spumoasa.
d) Adăugați amestecul de drojdie în piureul de dovleac și cartofi dulci. Se amestecă până se încorporează bine.
e) Într-un alt castron, cerne împreună făina universală, amidonul de porumb, scorțișoara măcinată, cuișoarele măcinate, anasonul măcinat și sarea.
f) Adăugați treptat ingredientele uscate în amestecul de dovleac și cartofi dulci, amestecând continuu, până când obțineți un aluat neted și lipicios. Lăsați aluatul să se odihnească timp de 30 de minute pentru a permite aromelor să se dezvolte.
g) Într-o tigaie mare adâncă sau un cuptor olandez, încălziți ulei vegetal la foc mediu-mare la aproximativ 350 ° F (175 ° C).
h) Folosind o lingură sau o pungă cu vârf larg, aruncați cu atenție cârpuri de aluat în uleiul fierbinte, modelându-le în inele mici sau discuri. Prăjiți picarones / gogoși peruvian în loturi, asigurându-vă că nu aglomerați tigaia.
i) Prăjiți Picarones/Gogoșile Peruviane pentru aproximativ 3-4 minute pe fiecare parte, sau până când devin aurii și crocante. Folosiți o lingură cu fantă pentru a le transfera pe o farfurie tapetată cu un prosop de hârtie pentru a scurge excesul de ulei.
j) Servește picarones/gogoșile peruviane calde, stropite cu melasă sau sirop de chancaca și stropite cu semințe de susan prăjite.

2.Tacu Tacu/Pure de fasole și clătite de orez

INGREDIENTE:
- 2 cani de orez alb fiert
- 1 cană fasole canar sau fasole neagră gătită și condimentată
- 1/2 cană de bacon sau pancetta fiartă tăiată mărunt
- 1/2 cană de carne gătită tăiată fin (cum ar fi carne de vită, pui sau porc)
- 1/4 cana ceapa tocata marunt
- 2 catei de usturoi, tocati
- 1 lingura chimion
- Sarat la gust
- Piper negru proaspăt măcinat, după gust
- Ulei vegetal, pentru prajit
- Ouă prajite, pentru servire (optional)
- Salsa criolla (salsa de ceapă și roșii peruană), pentru servire (opțional)

INSTRUCȚIUNI:
a) Într-un castron mare, combinați orezul alb gătit și fasolea canar sau fasolea neagră gătită.
b) Pasează-le împreună folosind o furculiță sau un zdrobitor de cartofi până se combină bine. Amestecul ar trebui să se mențină împreună.
c) Într-o tigaie, încălziți o cantitate mică de ulei vegetal la foc mediu.
d) Adăugați baconul sau pancetta tăiate cubulețe și gătiți până devine crocant. Scoateți slănina din tigaie și lăsați-o deoparte, lăsând grăsimea topită în tigaie.
e) În aceeași tigaie cu grăsimea topită, adăugați ceapa tocată mărunt și usturoiul tocat. Se caleste pana ce ceapa devine translucida si aromata.
f) Adăugați carnea gătită tăiată mărunt în tigaie și gătiți câteva minute până se încălzește.
g) Adăugați piureul de orez și amestecul de fasole în tigaie, împreună cu slănina fiartă.
h) Se amestecă totul bine, încorporând ingredientele uniform.
i) Asezonați cu chimen, sare și piper negru după gust.
j) Gatiti inca cateva minute pentru a permite aromelor sa se topeasca.
k) Scoateți amestecul din tigaie și lăsați-l să se răcească puțin.
l) Împărțiți amestecul în porții și modelați-le în chiftelute rotunde sau ovale, de aproximativ 1/2 până la 3/4 inch grosime.
m) Într-o tigaie curată, încălziți suficient ulei vegetal la foc mediu pentru a acoperi fundul tigaii.
n) Adăugați chiftelele de Tacu Tacu/Piure de fasole și clătite de orez și gătiți până devin maronii și crocanți pe ambele părți, aproximativ 3-4 minute pe fiecare parte.
o) Scoateți chiftelele Tacu Tacu/Piure de fasole și clătite de orez din tigaie și scurgeți-le pe o farfurie tapetată cu un prosop de hârtie pentru a îndepărta excesul de ulei.
p) Serviți Tacu Tacu/Pure de fasole și clătite de orez fierbinți, cu ouă prăjite opționale deasupra și o parte de salsa criolla pentru un plus de aromă și prospețime.

3. Terci de Quinoa Peruvian / Quinua Atamalada

INGREDIENTE:
- 1 cană de quinoa
- 3 căni de apă
- 1 cană lapte
- 1/2 cană zahăr (ajustați după gust)
- 1 baton de scortisoara
- 1 lingurita extract de vanilie
- Stafide si nuci tocate pentru decor

INSTRUCȚIUNI:
a) Clătiți bine quinoa sub apă rece.
b) Într-o cratiță, combinați quinoa, apa și batonul de scorțișoară. Se aduce la fierbere, apoi se reduce focul și se fierbe timp de aproximativ 15-20 de minute, sau până când quinoa este fiartă și amestecul se îngroașă.
c) Adăugați lapte, zahăr și extract de vanilie. Amestecați și continuați să gătiți încă 10-15 minute.
d) Scoateți batonul de scorțișoară.
e) Serviți terciul de quinoa fierbinte, ornat cu stafide și nuci tocate.

4.Tortilla de Espinaca / Omletă cu spanac

INGREDIENTE:

- 4 ouă
- 1 cană spanac proaspăt, tocat
- 1/2 cană ardei gras tăiați cubulețe
- 1/2 cană ceapă tăiată cubulețe
- 1/2 cană brânză mărunțită
- Sare si piper dupa gust
- Ulei de măsline pentru gătit

INSTRUCȚIUNI:

a) Într-un castron, bate ouăle și adaugă spanacul tocat, ardeii gras tăiați cubulețe, ceapa tăiată cubulețe și brânza mărunțită. Asezonați cu sare și piper.
b) Încinge ulei de măsline într-o tigaie antiaderentă la foc mediu.
c) Turnați amestecul de ouă în tigaie și gătiți până când marginile încep să se întărească.
d) Întoarceți omleta cu grijă și gătiți până când este gătită și brânza este topită.
e) Se serveste fierbinte.

5. Champorado / Terci de orez cu ciocolată

INGREDIENTE:
- 1 cană de orez glutinos
- 4 căni de apă
- 1/2 cană pudră de cacao
- 1/2 cană zahăr (ajustați după gust)
- 1/2 cană lapte evaporat
- Vârf de cuțit de sare
- Nucă de cocos rasă sau lapte condensat pentru garnitură

INSTRUCȚIUNI:
a) Într-o oală, amestecați orezul glutinos și apa. Se aduce la fierbere și se fierbe până când orezul este fiert și amestecul se îngroașă.
b) Într-un castron separat, amestecați pudra de cacao, zahărul, laptele evaporat și un praf de sare pentru a forma un sos de ciocolată.
c) Combinați sosul de ciocolată cu orezul fiert și amestecați bine.
d) Se serveste fierbinte, ornata cu nuca de cocos rasa sau lapte condensat.

6.Sangrecita

INGREDIENTE:
- 500 de grame de sânge de pui
- 40 ml de smântână groasă
- 3 linguri de ulei de măsline sau carne de vită picurată.
- 2 cepe medii tocate
- 1 cap de usturoi tocat
- 1 ardei iute mic
- Oregano
- Menta si coriandru tocate
- Sare

INSTRUCȚIUNI:
a) Pune sângele de pui la frigider pentru a se răci.
b) Prăjiți usturoiul, ceapa și ardeiul în ulei de măsline până la 10 minute.
c) Adăugați ierburile tocate, sare.
d) Scoateți sângele, tăiați-l în cuburi mici și adăugați la amestec.
e) Amesteca bine.
f) Mai adauga putin ulei si sare dupa gust.

7.Sandvişuri triple peruviane

INGREDIENTE:
- 4 ouă
- ¼ cană maioneză
- 8 felii de pâine albă pentru sandvișuri, fără crusta
- 1 avocado mare copt
- 1 roșie coaptă, feliată
- ½ linguriță fiecare sare și piper, împărțite

INSTRUCȚIUNI:
a) Puneți ouăle într-un singur strat într-o cratiță. Acoperiți, cu 1 inch (2,5) cm, cu apă rece.
b) Puneți tigaia la foc mare și aduceți apa la fierbere.
c) Puneți un capac etanș pe tigaie și luați de pe foc. Se lasa sa stea 6 minute.
d) Scurgeți apa și puneți ouăle sub jet de apă rece timp de 1 minut sau până când se răcesc suficient pentru a fi manipulate. Curățați și feliați fiecare ou.
e) Întindeți un strat subțire de maioneză pe o parte a fiecărei felii de pâine.
f) Împărțiți avocado uniform peste 2 bucăți de pâine; se asezoneaza cu putina sare si piper. Așezați avocado cu o bucată de pâine, cu maioneza în sus.
g) Împărțiți roșia uniform peste cele 2 bucăți de pâine; se asezoneaza cu putina sare si piper.
h) Acoperiți roșia cu o a treia bucată de pâine; maiaua cu partea în sus. Împărțiți ouăle feliate în mod egal peste cele 2 bucăți de pâine; se asezonează cu sare și piper rămas.
i) Acoperiți cu ultima bucată de pâine; maiaua în jos.
j) Tăiați fiecare sandviș în jumătate pentru a face 4 porții.

8.Chilaquiles roșii cu ouă prăjite

INGREDIENTE:
PENTRU SOS:
- O cutie de 12 uncii de roșii decojite, împreună cu 1/2 cană din sucurile însoțitoare
- 1 jalapeño, seminte incluse, tocat grosier
- 1 ceapă albă mică, tăiată cubulețe
- 2 ardei chipotle in sos adobo
- 4 catei de usturoi
- 1/4 cană coriandru proaspăt tocat grosier
- 2 linguri ulei vegetal
- 1 lingura nectar de agave
- Putina sare

PENTRU MONTARE:
- Ulei vegetal pentru prajit
- Tortile de porumb, tăiate sau rupte în triunghiuri
- Sare si piper
- Brânză Monterey Jack mărunțită
- Branza Cotija
- ouă
- Coriandru proaspăt

INSTRUCȚIUNI:

a) Începeți prin a pune toate ingredientele pentru sos, cu excepția uleiului, agavei și sării, într-un blender și amestecați până când obțineți o consistență netedă. Se încălzește uleiul vegetal într-o cratiță mare la foc mediu, apoi se adaugă sosul amestecat și se amestecă până se îngroașă.

b) Încorporați agavele și sarea. Aici, s-ar putea să întâmpinați provocarea inițială, care este să rezistați tentației de a consuma tot sosul sau de a-l devora direct din cratiță cu o pungă de Tostitos. Exercițiu reținere. (Sosul poate fi preparat în avans, răcit și păstrat la frigider până la o zi.)

ASAMBLA

c) Preîncălziți broilerul și începeți să prăjiți tortilla. Încălziți aproximativ 1/4 inch de ulei într-o cratiță și, în loturi, prăjiți triunghiurile tortilla, răsturnându-le la jumătate, până devin oarecum crocante, deși nu complet crocante.

d) Scurge tortilla prajite pe un prosop de hartie, asezonand-le usor cu sare. Aceasta este următoarea ta provocare: tentația de a consuma tot sosul cu aceste aproape chipsuri. Cu toate acestea, trebuie să rezistați.

e) În felul de mâncare pe care l-ați ales (folosește o cratiță sau o tigaie de fontă pentru o adunare mai mare, sau o tavă de plăcintă sau o farfurie pentru un grup mai mic), aranjează un strat de tortilla, suprapunându-le pe măsură ce mergi. Turnați sosul peste ele până la nivelul dorit de pirozime (în general, mai mult este mai bine), apoi acoperiți-le cu generozitate cu ambele brânzeturi. Este acceptabil ca asta să pară oarecum supos; de fapt, ar trebui. Prăjiți amestecul până când brânza se topește. Nu încercați să utilizați o furculiță în această etapă.

f) Într-o tigaie mică, prăjiți ouăle peste ușor, asigurându-vă că gălbenușurile rămân nefierte pentru că știți ce urmează.

g) Puneți porții din amestecul de tortilla în boluri individuale, adăugați un ou sau două, niște coriandru proaspăt și asezonați cu sare și piper.

9.Mic dejun cu roșii și ouă prăjite pe pâine prăjită

INGREDIENTE:
- 4 felii groase de pâine rustică
- Ulei de masline
- 1 cățel mare de usturoi, decojit
- 1 roșie mare coaptă, tăiată la jumătate
- 4 ouă mari
- Sare si piper

INSTRUCȚIUNI:

a) Ungeți ambele părți ale feliilor groase de pâine cu un strop de ulei de măsline și prăjiți în cuptor sau în cuptorul de pâine la aproximativ 375°F până devin aurii și crocante.

b) Odată ce prăjiturile sunt gata, scoateți-le din cuptor și frecați-le generos cu cățelul de usturoi decojit, urmat de partea tăiată a roșii.

c) Pe măsură ce frecați, asigurați-vă că stoarceți interiorul suculent al roșiilor pe pâine prăjită. Presărați un praf de sare și piper pe pâine prăjită.

d) Într-o tigaie mare sau într-o tigaie, adăugați un strat subțire de ulei de măsline și încălziți-l la foc mediu-mare.

e) Spargeți ouăle în tigaie, asezonați-le cu sare și piper, apoi acoperiți tigaia și gătiți până se întăresc albușurile, păstrând gălbenușurile curgătoare. Puneți câte un ou prăjit deasupra fiecărei bucăți de pâine prăjită și serviți.

f) Bucurați-vă de micul dejun delicios!

Aperitive și gustări

10.Pan con Chicharrón / Sandwich de porc

INGREDIENTE:
- 4 chifle mici (cum ar fi ciabatta sau chifle franțuzești)
- 1 lb umăr de porc, tăiat în felii subțiri
- 2 catei de usturoi, tocati
- 1 lingurita chimen
- 1/2 lingurita boia
- Sare si piper dupa gust
- Cartofi dulci tăiați felii
- Salsa criolla (ceapa, suc de lime si ardei iute) pentru topping

INSTRUCȚIUNI:

a) Într-un castron, marinați feliile de porc cu usturoi, chimen, boia de ardei, sare și piper. Lăsați-l la marinat timp de cel puțin 30 de minute.

b) Încinge puțin ulei într-o tigaie și prăjește carnea de porc marinată până devine crocantă și gătită.

c) Tăiați chiflele în jumătate și puneți un strat de carne de porc gătită, cartofi dulci feliați și salsa criolla.

d) Închideți rulourile și serviți fierbinți.

11. Tamales Peruanos / Peruvian Tamales

INGREDIENTE:
- 2 cani de masa harina (faina de porumb)
- 1/2 cană ulei vegetal
- 1 cană supă de pui sau porc
- 1 lingurita de pasta de aji amarillo (pasta de chili galben peruana)
- 1/2 cană de pui sau porc gătit și mărunțit
- 2 oua fierte, feliate
- Măsline și stafide tăiate felii pentru umplutură
- Frunze de banană sau coji de porumb pentru ambalare

INSTRUCȚIUNI:
a) Într-un castron mare, combinați masa harina, uleiul vegetal, bulionul de pui sau porc și pasta de aji amarillo. Amestecați până obțineți un aluat omogen.
b) Luați o frunză de banană sau coajă de porumb, puneți o lingură de aluat pe ea și întindeți-o.
c) Adăugați o felie de ou, puțină carne mărunțită, măsline și stafide în centrul aluatului.
d) Îndoiți frunza de banană sau coaja de porumb pentru a înveli tamalul, creând un pachet îngrijit.
e) Gătiți tamalele la abur timp de aproximativ 45 de minute până la 1 oră, până când sunt fierte și tari.
f) Serviți tamalele cu salsa criolla suplimentară sau sos aji, dacă doriți.

12. Patacone/Pătlagină prăjită

INGREDIENTE:
- 2 pătlagini verzi
- Ulei vegetal pentru prajit
- Sarat la gust

INSTRUCȚIUNI:

a) Începeți prin a curăța pătlaginele verzi. Pentru a face acest lucru, tăiați capetele pătlaginelor și faceți o fantă longitudinală de-a lungul pielii. Îndepărtați pielea trăgând-o de pătlagină.

b) Tăiați pătlaginele în felii groase, de aproximativ 1 inch (2,5 cm) grosime.

c) Încinge ulei vegetal într-o tigaie adâncă sau o tigaie la foc mediu. Asigurați-vă că există suficient ulei pentru a scufunda complet feliile de pătlagină.

d) Adăugați cu grijă feliile de pătlagină în uleiul încins și prăjiți-le aproximativ 3-4 minute pe fiecare parte sau până devin aurii.

e) Scoateți feliile de pătlagină prăjite din ulei și puneți-le pe o farfurie tapetată cu un prosop de hârtie pentru a scurge excesul de ulei.

f) Luați fiecare felie de pătlagină prăjită și aplatizați-o folosind fundul unui pahar sau un instrument de bucătărie special conceput pentru aplatizare.

g) Readuceți feliile de pătlagină turtite în uleiul încins și prăjiți-le încă 2-3 minute pe fiecare parte până devin crocante și aurii.

h) După ce s-au prăjit până la nivelul dorit de crocant, scoateți pataconele/Pătlaginele prăjite din ulei și puneți-le pe o farfurie tapetată cu un prosop de hârtie pentru a scurge orice exces de ulei.

i) Stropiți Pataconele/Pătlaginele prăjite cu sare după gust cât sunt încă fierbinți.

j) Servește Patacones/Pătlagină prăjită ca garnitură sau ca bază pentru toppinguri sau umpluturi, cum ar fi guacamole, salsa sau carne mărunțită.

13. Ceviche de pește alb

INGREDIENTE:
- 1 kg fileuri de pește alb proaspăt (cum ar fi lipa sau snapper), tăiate în bucăți mici
- 1 cană suc proaspăt de lămâie
- 1 ceapă roșie mică, feliată subțire
- 1-2 ardei rocoto sau habanero proaspeți, fără semințe și tocați mărunt
- 1/2 cană coriandru proaspăt tocat
- 1/4 cana frunze de menta proaspata tocate
- 2 catei de usturoi, tocati
- Sarat la gust
- Piper negru proaspăt măcinat, după gust
- 1 cartof dulce, fiert și feliat
- 1 spic de porumb, fiert si boabe scoase
- Frunze de salata verde, pentru servire

INSTRUCȚIUNI:
a) Într-un castron nereactiv, combinați bucățile de pește cu sucul de lămâie, asigurându-vă că peștele este complet acoperit.
b) Lăsați-l la marinat la frigider pentru aproximativ 20-30 de minute până când peștele devine opac.
c) Scurgeți sucul de lime din pește și aruncați sucul.
d) Într-un castron separat, combinați peștele marinat cu ceapa roșie, ardeii rocoto sau habanero, coriandru, menta și usturoiul. Se amestecă ușor pentru a se combina.
e) Asezonați cu sare și piper negru proaspăt măcinat după gust. Reglați cantitatea de ardei rocoto sau habanero în funcție de nivelul dorit de picant.
f) Lăsați cevicheul la marinat la frigider pentru încă 10-15 minute pentru a permite aromelor să se îmbine.
g) Serviți cevicheul răcit pe un pat de frunze de salată verde, ornat cu felii de cartof dulce fiert și boabe de porumb.

14. Tiradito/ Ceviche marinat picant

INGREDIENTE:
- 1 kg file de pește proaspăt (cum ar fi lipa, limbă sau snapper), feliate subțiri
- Suc de 3-4 lime
- 2 linguri. ají amarillo pastă
- 2 catei de usturoi, tocati
- 1 lingura. sos de soia
- 1 lingura. ulei de masline
- 1 lingura zahăr
- Sarat la gust
- Piper, după gust
- Coriandru proaspăt, tocat, pentru ornat
- Ceapa rosie, feliata subtire, pentru garnitura
- Ardei rocoto sau ardei iute roșu, felii subțiri, pentru decor

INSTRUCȚIUNI:
a) Puneți fileurile de pește feliate subțiri într-un vas puțin adânc.
b) Într-un castron, combinați sucul de lămâie, pasta de ají amarillo, usturoiul tocat, sosul de soia, uleiul de măsline, zahărul, sare și piper. Se amestecă până se omogenizează bine.
c) Turnați marinada peste pește, asigurându-vă că fiecare felie este acoperită uniform.
d) Lăsați peștele la marinat la frigider pentru aproximativ 10-15 minute. Aciditatea sucului de lime va „găti" ușor peștele.
e) Aranjați feliile de pește marinat pe un platou de servire.
f) Stropiți puțin din marinadă peste pește ca dressing.
g) Ornați Tiradito/Ceviche-ul peruvian cu coriandru proaspăt tocat, ceapă roșie feliată subțire și ardei rocoto feliat sau ardei iute roșu.
h) Servește Tiradito/Ceviche peruvian imediat ca aperitiv sau fel principal ușor.

15. Ceviche de Conchas Negras/Black Clam Ceviche

INGREDIENTE:
- 1 kilogram de scoici negre proaspete (conchas negras), curățate și decojite
- 1 ceapă roșie, feliată subțire
- 2-3 ardei rocoto sau alti ardei iute picant, tocati marunt
- 1 cană de suc de lămâie proaspăt stors
- 1/2 cană de suc de lămâie proaspăt stors
- Sarat la gust
- Frunze de coriandru proaspete, tocate
- Boabe de porumb (optional)
- Cartofi dulci, fierți și feliați (opțional)
- Frunze de salata verde (optional)

INSTRUCȚIUNI:
a) Clătiți bine scoicile negre sub apă rece pentru a îndepărta orice nisip sau nisip. Scoicile se scot cu grijă, aruncând cojile și păstrând carnea. Tăiați carnea de scoici în bucăți mici.
b) Într-un castron nereactiv, combinați scoici negre tocate, felii de ceapă roșie și ardei rocoto sau ardei iute.
c) Peste amestecul de scoici se toarnă sucul de lămâie și lămâie proaspăt stors, asigurându-vă că toate ingredientele sunt acoperite în sucul de citrice. Acest lucru va ajuta la „gătirea" scoicilor.
d) Se condimentează cu sare după gust și se amestecă ușor totul.
e) Acoperiți vasul cu folie de plastic și lăsați-l la frigider pentru aproximativ 30 de minute până la 1 oră. În acest timp, acidul din sucul de citrice va marina în continuare și va „găti" scoicile.
f) Înainte de servire, gustați ceviche-ul și ajustați condimentele dacă este necesar.
g) Se ornează cu frunze de coriandru proaspăt tocate.
h) Opțional: Serviți ceviche-ul cu boabe de porumb fierte, cartofi dulci feliați și frunze de salată pentru un plus de textură și acompaniamente.
i) Servește Ceviche de Conchas Negras/Ceviche cu scoici negru rece ca aperitiv sau fel principal. Savurează-l cu boabe de porumb prăjite (cancha) sau tortillas crocante de porumb.
j) Notă: Este important să folosiți scoici negre proaspete și de înaltă calitate pentru acest ceviche. Asigurați-vă că scoicile provin de la furnizori de încredere de fructe de mare și sunt curățate corespunzător înainte de utilizare.

16.Papa Rellena/Cartofi umpluți

INGREDIENTE:
- 4 cartofi mari, curatati si taiati in patru
- 1 lingura. ulei vegetal
- 1 ceapa mica, tocata marunt
- 2 catei de usturoi, tocati
- 1/2 kg carne de vită sau carne măcinată la alegere
- 1 lingura chimen măcinat
- 1/2 linguriță. paprika
- Sare si piper dupa gust
- 2 oua fierte tari, tocate
- 12 măsline, fără sâmburi și tocate
- Ulei vegetal pentru prajit

INSTRUCȚIUNI:
a) Puneti cartofii intr-o oala mare cu apa cu sare si aduceti la fiert.
b) Fierbeți cartofii până sunt fragezi în furculiță, aproximativ 15-20 de minute.
c) Scurgeți cartofii și transferați-i într-un castron mare.
d) Se pasează cartofii până la omogenizare și se lasă deoparte.
e) Într-o tigaie, încălziți uleiul vegetal la foc mediu.
f) Adăugați ceapa tocată și usturoiul tocat și căliți până devin moi și translucide.
g) Adăugați carnea de vită în tigaie și gătiți până se rumenește și este complet gătită. Rupeți orice bucăți mari de carne cu o lingură.
h) Asezonați amestecul de carne cu chimen măcinat, boia de ardei, sare și piper. Amestecați bine pentru a combina condimentele uniform.
i) Se ia tigaia de pe foc si se amesteca ouale tari si maslinele tocate.
j) Amesteca totul pana se incorporeaza bine.
k) Luați o porție de piure de cartofi (cam de dimensiunea unei mingi de tenis) și aplatizați-o în mână. Asezati o lingura din amestecul de carne in centrul cartofului turtit si modelati aluatul de cartofi in jurul umpluturii, formand o bila. Repetați procesul cu piureul de cartofi rămas și amestecul de carne.
l) Într-o tigaie mare sau o friteuză, încălziți suficient ulei vegetal pentru prăjire la foc mediu. Puneți cu grijă bilutele de cartofi în uleiul încins și prăjiți-le până devin aurii și crocante pe toate părțile. Scoateți Papa Rellena/Cartofii umpluți din ulei și scurgeți-i pe o farfurie tapetată cu un prosop de hârtie.
m) Servește Papa Rellena/Cartofi umpluți fierbinți ca aperitiv sau fel principal. Acestea pot fi savurate singure sau cu o garnitură de salsa criolla (un gust tradițional peruan de ceapă și roșii) sau sos aji (un sos peruvian picant).
n) Bucurați-vă de aromele delicioase ale Papa Rellena/Cartofi umpluți cât timp sunt încă calde și crocante.

17.Tequeños/Beţe de brânză cu sos de scufundare

INGREDIENTE:
- 12 ambalaje pentru rulouri de ouă (sau ambalaje wonton)
- 12 felii de queso fresco (brânză albă proaspătă)
- 1 ou, batut (pentru sigilarea ambalajelor)
- Ulei pentru prajit

Pentru sosul de scufundare:
- 2 linguri de pasta de aji amarillo
- 1/4 cană maioneză
- 1 lingura suc de lamaie
- Sare si piper dupa gust

INSTRUCȚIUNI:
a) Întindeți un înveliș pentru rulada de ouă, puneți o felie de queso fresco în centru și rulați-o, sigilând marginile cu ou bătut.
b) Încinge uleiul într-o tigaie pentru prăjit.
c) Prăjiți tequeños până când sunt aurii și crocanți.
d) Pentru sosul de scufundare, amestecați pasta de aji amarillo, maioneza, suc de lămâie, sare și piper.
e) Servește tequeños cu sosul de scufundare.

18.Cartofi prajiti Yuca

INGREDIENTE:
- 2 lbs yuca (cassava), curățată și tăiată în cartofi prăjiți
- Ulei pentru prajit
- Sarat la gust

INSTRUCȚIUNI:
a) Încinge uleiul într-o friteuză sau o oală mare la 350°F (175°C).
b) Prăjiți cartofii prăjiți yuca în loturi până devin aurii și crocanți, aproximativ 4-5 minute.
c) Scoateți și scurgeți pe prosoape de hârtie.
d) Se presară cu sare și se servește fierbinte.

19. Ceviche peruvian

INGREDIENTE:
- 1 kg de pește alb (cum ar fi biban de mare sau talpa), tăiat în bucăți mici
- 1 cană suc proaspăt de lămâie
- 1 ceapa rosie, taiata marunt
- 2-3 ardei limo aji (sau alti ardei iute), tocati marunt
- 1-2 catei de usturoi, tocati
- 1 cartof dulce, fiert și feliat
- 1 spic de porumb, fiert si taiat rondele
- Coriandru proaspăt, tocat
- Sare si piper dupa gust

INSTRUCȚIUNI:

a) Într-un castron mare, combinați peștele și sucul de lămâie. Acidul din sucul de lime va „găti" peștele. Se lasa la marinat aproximativ 10-15 minute.

b) Adăugați ceapa roșie feliată și ardeiul aji limo la peștele la marinat. Amesteca bine.

c) Se condimentează cu usturoi tocat, sare și piper.

d) Servește ceviche-ul cu felii de cartofi dulci fierți, rondele de porumb și o garnitură de coriandru proaspăt.

20. Papa a la Huancaína/Cartofi în stil Huancayo

INGREDIENTE:
- 4 cartofi galbeni mari
- 1 cană sos aji amarillo (facut din ardei iute galben peruvian)
- 1 cană queso fresco (brânză proaspătă peruană), mărunțită
- 4 biscuiti sarati
- 1/4 cană lapte evaporat
- 2 linguri ulei vegetal
- 2 oua fierte tari, feliate
- Masline negre pentru garnitura
- Frunze de salata verde (optional)

INSTRUCȚIUNI:
a) Fierbeți cartofii până sunt moi, curățați-i de coajă și tăiați rondele.
b) Într-un blender, combinați sosul aji amarillo, queso fresco, biscuiți sărați, laptele evaporat și uleiul vegetal. Mixați până obțineți un sos cremos.
c) Aranjați rondelele de cartofi pe o farfurie (pe frunze de salată dacă doriți).
d) Turnați sosul Huancaína peste cartofi.
e) Se ornează cu felii de ou fiert tare și măsline negre.
f) Se serveste rece.

21. Palta Rellena / Avocado umplut

INGREDIENTE:
- 2 avocado coapte, tăiate la jumătate și fără sâmburi
- 1 conserva de ton, scurs
- 1/4 cană maioneză
- 1/4 cană coriandru proaspăt tocat
- 1/4 cana ceapa rosie, tocata marunt
- Suc de lămâie
- Sare si piper dupa gust
- Frunze de salata verde pentru servire

INSTRUCȚIUNI:
a) Scoateți o parte din pulpa de avocado din centrul fiecărei jumătăți de avocado pentru a crea o adâncime.
b) Într-un castron, amestecați tonul, maioneza, coriandru, ceapa roșie și un strop de suc de lămâie. Asezonați cu sare și piper.
c) Umpleți jumătățile de avocado cu amestecul de ton.
d) Se serveste pe un pat de frunze de salata verde.
e) Bucurați-vă de aceste aperitive și gustări peruviane suplimentare!

PASTE

22. Carapulcra cu Sopa Seca

INGREDIENTE:
PENTRU CARAPULCRA:
- 2 kg de cartofi uscați (papas secas)
- 1 lb umăr de porc, tăiat cubulețe
- 1/4 cană pastă de aji panca (pastă de chili roșu peruan)
- 1/4 cană alune măcinate
- 1 ceapa rosie, tocata marunt
- 4 catei de usturoi, tocati
- 2 cesti supa de pui
- 1/2 cană de vin alb
- 2 foi de dafin
- Ulei vegetal pentru prajit
- Sare si piper dupa gust

PENTRU SOPA SECA:
- 2 căni de paste cu păr de înger, rupte în bucăți mici
- 1/4 cană ulei vegetal
- 2 catei de usturoi, tocati
- 2 cesti supa de pui
- Sare si piper dupa gust

INSTRUCȚIUNI:
a) Pentru Carapulcra: Într-o oală mare, încălziți ulei vegetal și rumeniți carnea de porc tăiată cubulețe.

b) Adăugați ceapa tocată mărunt, usturoiul tocat și pasta de aji panca. Gatiti pana ce ceapa este moale.

c) Se amestecă arahide măcinate, cartofi uscați, bulion de pui, vin alb, foi de dafin, sare și piper. Se fierbe până când cartofii uscați sunt moi și tocana se îngroașă.

d) Pentru Sopa Seca: Într-o tigaie separată, încălziți ulei vegetal și căleți pastele din păr de înger rupt până devin maro auriu.

e) Adăugați usturoiul tocat, bulionul de pui, sare și piper. Gatiti pana cand pastele sunt moi si bulionul este absorbit.

f) Servește Carapulcra și Sopa Seca împreună pentru o combinație peruană delicioasă.

23. Salata Tofu Lomo Saltado

INGREDIENTE:
PENTRU SALATA:
- 2 căni de verdeață de salată mixtă (de exemplu, salată verde, spanac, rucola)
- 1 ceapă roșie, feliată subțire
- 1 roșie, tăiată felii
- 1 cană quinoa fiartă
- 1 cană fâșii de ardei gras roșu prăjit
- 1/2 cană fasole verde fiartă

PENTRU TOFU LOMO SALTADO:
- 14 oz tofu extra ferm, tăiat cubulețe
- 2 linguri sos de soia
- 1 lingura otet
- 1 lingură pastă de aji amarillo (pastă de chili galben peruan)
- 1 catel de usturoi, tocat
- Sare si piper dupa gust
- Ulei vegetal pentru prajit

INSTRUCȚIUNI:
a) Aruncați cuburile de tofu cu sos de soia, oțet, pastă de aji amarillo, usturoi tocat, sare și piper. Marinați aproximativ 15 minute.
b) Încinge ulei vegetal într-o tigaie și prăjește tofu marinat până devine crocant.
c) Asamblați salata aranjând verdețurile amestecate, ceapa roșie, roșiile, quinoa, ardeiul roșu prăjit și fasolea verde.
d) Acoperiți salata cu tofu crocant Lomo Saltado.
e) Serviți cu o vinegretă ușoară sau cu dressing la alegere.

24.Spaghete verzi

INGREDIENTE:
- 1 kilogram de paste fettuccine sau spaghete
- 2 cesti frunze proaspete de busuioc
- 1 cană frunze proaspete de spanac
- 1/2 cană parmezan ras
- 1/4 cană nuci sau nuci de pin
- 2 catei de usturoi
- 1/2 cană lapte evaporat
- 1/4 cană ulei vegetal
- 1 lingura. ulei de masline
- Sare si piper dupa gust
- Parmezan ras pentru decor

INSTRUCȚIUNI:
a) Gatiti pastele conform instructiunilor de pe ambalaj pana al dente. Scurgeți și puneți deoparte.
b) Într-un blender sau robot de bucătărie, combinați frunzele de busuioc, frunzele de spanac, parmezanul ras, nucile sau nucile de pin, usturoiul, laptele evaporat, uleiul vegetal și uleiul de măsline. Mixați până obțineți un sos verde omogen și vibrant.
c) Încinge o tigaie mare la foc mediu.
d) Adăugați sosul verde în tigaie și gătiți aproximativ 5 minute, amestecând din când în când, până când sosul este încălzit.
e) Adauga pastele fierte in tigaia cu sosul verde. Se amestecă pastele în sos până când sunt bine acoperite și încălzite.
f) Se condimenteaza cu sare si piper dupa gust. Reglați condimentele după preferințe.
g) Transferați Tallarines Verdes/Green Spaghetti într-un vas de servire sau în farfurii individuale. Se ornează cu parmezan ras.
h) Serviți imediat cât sunt încă calde.

25.Sos verde cu Linguine

INGREDIENTE:
PENTRU TALARINI:
- 8 oz paste fettuccine sau linguine
- 2 cani de frunze proaspete de spanac
- 1/2 cană frunze de busuioc proaspăt
- 1/4 cană queso fresco (brânză proaspătă peruană)
- 2 catei de usturoi, tocati
- 1/4 cană lapte evaporat
- 2 linguri ulei vegetal
- Sare si piper dupa gust

PENTRU SALATA:
- Verzi mixte (de exemplu, salata verde, rucola, spanac)
- roșii cherry
- Avocado feliat

INSTRUCȚIUNI:

a) Gatiti pastele conform instructiunilor de pe ambalaj pana al dente. Scurgeți și puneți deoparte.

b) Într-un blender, combinați spanacul proaspăt, busuiocul, queso fresco, usturoiul tocat, laptele evaporat, uleiul vegetal, sare și piper. Mixați până obțineți un sos verde cremos.

c) Se amestecă pastele fierte cu sosul verde până se îmbracă bine.

d) Servește pastele verzi pe un pat de verdeață amestecată, ornata cu roșii cherry și avocado feliat.

26.Tallarines Rojos (Sos cu tăiţei roşii)

INGREDIENTE:
PENTRU TALARINI:
- 8 oz paste fettuccine sau linguine
- 1/4 cană ulei vegetal
- 2 catei de usturoi, tocati
- 1/4 cană pastă de aji panca (pastă de chili roșu peruan)
- 1 cană lapte evaporat
- 1/4 cană queso fresco (brânză proaspătă peruană)
- Sare si piper dupa gust

PENTRU SALATA:
- Verzi mixte (de exemplu, salata verde, rucola, spanac)
- Avocado feliat
- roșii cherry

INSTRUCȚIUNI:
a) Gatiti pastele conform instructiunilor de pe ambalaj pana al dente. Scurgeți și puneți deoparte.
b) Într-o cratiță, încălziți ulei vegetal și adăugați usturoiul tocat. Gatiti timp de un minut pana se parfumeaza.
c) Se amestecă pasta de aji panca, laptele evaporat, queso fresco, sare și piper. Gatiti pana se ingroasa sosul.
d) Se amestecă pastele fierte cu sosul roșu până se îmbracă bine.
e) Servește pastele roșii pe un pat de verdeață amestecată, ornata cu avocado feliat și roșii cherry.

27. Tallarines Verdes con Pollo (Titei verzi cu pui)

INGREDIENTE:
PENTRU SOS VERDE:
- 2 cani de frunze proaspete de spanac
- 1/2 cană frunze de busuioc proaspăt
- 1/4 cană queso fresco (brânză proaspătă peruană)
- 2 catei de usturoi, tocati
- 1/4 cană lapte evaporat
- 2 linguri ulei vegetal
- Sare si piper dupa gust

PENTRU PUI:
- 4 piept de pui dezosați și fără piele
- 2 linguri ulei vegetal
- Sare si piper dupa gust

PENTRU TITEI:
- 8 oz paste fettuccine sau linguine
- Parmezan ras pentru ornat

INSTRUCȚIUNI:
a) Într-un blender, combinați spanacul proaspăt, busuiocul, queso fresco, usturoiul tocat, laptele evaporat, uleiul vegetal, sare și piper. Mixați până obțineți un sos verde omogen.
b) Se condimentează pieptul de pui cu sare și piper, apoi se prăjește pe grătar sau se prăjește până când este fiert.
c) Gatiti pastele conform instructiunilor de pe ambalaj pana al dente. Scurgeți și puneți deoparte.
d) Se amestecă pastele fierte cu sosul verde până se îmbracă bine.
e) Serviți tăițeii verzi cu un piept de pui la grătar deasupra, ornat cu parmezan ras.

PENTRU LEGUME SI SALATE

28.Causa Limeña/Caserolă de cartofi în stil Lima

INGREDIENTE:
- 4 cartofi galbeni mari, fierti si curatati de coaja
- 2 linguri. ulei vegetal
- 2 linguri. suc de lămâie
- 1 lingura pasta de ardei ají galben (sau inlocuirea cu pasta de ají amarillo)
- Sarat la gust
- 1 conserve (5 oz) de ton, scurs
- 1 avocado, feliat
- 4-6 frunze de salata verde
- 2 oua fierte tari, feliate
- 8 masline negre
- Pătrunjel sau coriandru proaspăt, tocat, pentru ornat

INSTRUCȚIUNI:
a) Într-un castron mare, zdrobiți cartofii galbeni fierți și curățați până când sunt omogeni și fără cocoloașe.
b) Adăugați uleiul vegetal, sucul de lămâie, pasta de ardei ají galben și sare.
c) Se amestecă bine pentru a combina toate ingredientele și se condimentează după gust.
d) Tapetați o farfurie dreptunghiulară sau pătrată cu folie de plastic, lăsând suficientă surplos pentru a acoperi partea de sus mai târziu.
e) Întindeți jumătate din amestecul de cartofi uniform în vasul tapetat, apăsând-o pentru a forma un strat compact.
f) Acoperiți stratul de cartofi cu tonul din conserva, întinzându-l uniform peste cartofi.
g) Puneți avocado feliat deasupra stratului de ton, acoperindu-l complet.
h) Adăugați amestecul de cartofi rămas deasupra, netezindu-l pentru a crea un strat final.
i) Îndoiți folia de plastic deasupra pentru a acoperi cauza și lăsați-l la frigider pentru cel puțin 1 oră pentru a permite să se întărească și să se întărească.
j) Odată răcit și ferm, scoateți cauza din vas ridicând-o folosind folie de plastic care alungă. Scoateți cu grijă folia de plastic și puneți cauza pe un platou de servire.
k) Aranjați frunzele de salată peste cauza. Se ornează cu ouă fierte tari feliate, măsline negre și pătrunjel sau coriandru proaspăt tocate.
l) Tăiați caserola de cartofi Causa Limeña/Lima-Style în porții individuale și serviți rece.

29.Rocoto Relleno/Ardei Rocoto umpluți

INGREDIENTE:
- 6 ardei rocoto (înlocuiți cu ardei gras roșu pentru căldură mai blândă)
- 1 kilogram carne de vită sau porc măcinată
- 1/2 cană ceapă tăiată cubulețe
- 3 catei de usturoi, tocati
- 1/2 cană roșii tăiate cubulețe
- 1/4 cană stafide
- 1/4 cană măsline negre, feliate
- 1/4 cană pătrunjel proaspăt tocat
- 1 lingura chimen măcinat
- 1 lingura oregano uscat
- Sarat la gust
- Piper, după gust
- 1 cană de brânză rasă (cum ar fi mozzarella sau cheddar)
- Ulei vegetal, pentru prajit
- Pentru sosul Huancaina (optional):
- 1 cană lapte evaporat
- 1 cană brânză queso fresco sau feta mărunțită
- 2 ardei ají galbeni (sau înlocuiți cu pastă de ají amarillo)
- 4 biscuiti sarati
- Sarat la gust

INSTRUCȚIUNI:
a) Preîncălziți cuptorul la 350°F (175°C).
b) Tăiați vârfurile ardeiului rocoto și îndepărtați semințele și membranele.
c) Aveți grijă, deoarece ardeii rocoto pot fi picante. Dacă doriți, înmuiați ardeii în apă cu sare timp de 15 minute pentru a reduce focul.
d) Într-o tigaie, gătiți carnea de vită sau porc la foc mediu până se rumenește.
e) Adaugati ceapa taiata cubulete si usturoiul tocat si caliti pana ce ceapa devine translucida.
f) Se amestecă roșiile tăiate cubulețe, stafidele, măslinele negre, pătrunjelul tocat, chimenul măcinat, oregano uscat, sare și piper.
g) Gatiti inca cateva minute pentru a permite aromelor sa se topeasca. Se ia de pe foc si se da deoparte.
h) Umpleți fiecare ardei rocoto cu amestecul de carne, apăsând-o ușor pentru a umple întregul ardei.
i) Acoperiți fiecare ardei umplut cu brânză rasă.
j) Încinge ulei vegetal într-o tigaie adâncă sau într-o tigaie la foc mediu-înalt.
k) Puneți cu grijă ardeii rocoto umpluți în uleiul încins și prăjiți-i până când ardeii se înmoaie ușor și brânza se topește și clocotește, aproximativ 5-7 minute. Scoateți din ulei și scurgeți-l pe o farfurie tapetată cu un prosop de hârtie.
l) Transferați ardeii rocoto prăjiți într-o tavă de copt și coaceți în cuptorul preîncălzit pentru aproximativ 15 minute, sau până când ardeii sunt complet copți și fragezi.
m) În timp ce ardeii rocoto se coace, pregătiți Sosul Huancaina (opțional). Într-un blender, combinați laptele evaporat, brânza queso fresco sau feta mărunțită, ardeii ají galbeni (sau pasta de ají amarillo), biscuiții sărati și sare.
n) Se amestecă până când este omogen și cremos.
o) Servește Rocoto Relleno/Ardei Rocoto Umpluți fierbinți, stropiți cu Sos Huancaina dacă doriți.

30.Carapulcra/Tocanita de cartofi uscati

INGREDIENTE:
- 1 lb (450 g) carne de porc, tăiată în bucăți mici
- 2 căni de cartofi uscați, înmuiați în apă până se înmoaie
- 1 ceapa, tocata marunt
- 3 catei de usturoi, tocati
- 2 linguri. ulei vegetal
- 2 linguri. pastă de aji panca (pastă de ardei roșu peruan)
- 2 lingurite. chimen măcinat
- 1 lingura oregano uscat
- 1 lingura paprika
- 4 cesti supa de pui sau legume
- 1/2 cană alune, prăjite și măcinate
- Sare si piper dupa gust
- Coriandru proaspăt, tocat (pentru garnitură)

INSTRUCȚIUNI:

a) Într-o oală mare, încălziți uleiul vegetal la foc mediu.

b) Adăugați carnea de porc și gătiți până se rumenește pe toate părțile. Scoateți carnea de porc din oală și lăsați-o deoparte.

c) In aceeasi oala adaugam ceapa tocata si usturoiul tocat. Se caleste pana ce ceapa devine translucida si parfumata.

d) Adăugați în oală pasta de aji panca, chimen măcinat, oregano uscat și boia. Amestecați bine pentru a acoperi ceapa și usturoiul cu condimente.

e) Întoarceți carnea de porc rumenită în oală și amestecați-o cu amestecul de ceapă și condimente.

f) Scurgeți cartofii uscați la înmuiat și adăugați-i în oală. Se amestecă ușor pentru a se combina cu celelalte ingrediente.

g) Se toarnă bulionul de pui sau de legume, asigurându-se că cartofii și carnea de porc sunt acoperite. Aduceți amestecul la fierbere, apoi reduceți focul la mic și fierbeți timp de aproximativ 1 oră sau până când cartofii sunt fragezi și aromele s-au îmbinat.

h) Se amestecă alunele măcinate și se condimentează cu sare și piper după gust. Continuați să fierbeți încă 10-15 minute.

i) Se ia de pe foc si se lasa Carapulcra/Tocanita de cartofi uscati sa se odihneasca cateva minute inainte de servire.

j) Se serveste fierbinte, ornata cu coriandru proaspat tocat.

31.Solterito/Salata Peruana

INGREDIENTE:
- 2 cesti de boabe de porumb gigantice gatite si racite (choclo)
- 1 cană de fasole lima fiartă și răcită
- 1 cană de fasole fiartă și răcită
- 1 cană de mazăre verde fiartă și răcită
- 1 cană de roșii coapte tăiate cubulețe
- 1 cană de ceapă roșie tăiată cubulețe
- 1 cană de ardei rocoto tăiat cubulețe
- 1 cană de queso fresco tăiat cubulețe (sau înlocuiți cu brânză feta)
- 1/4 cană de coriandru proaspăt tocat
- 1/4 cana de patrunjel proaspat tocat
- Sare si piper dupa gust

ÎMBRACȚIE
- 1/4 cană de oțet de vin roșu
- 1/4 cană ulei de măsline extravirgin
- 1 catel de usturoi, tocat
- Suc de 1 lime
- Sare si piper dupa gust

INSTRUCȚIUNI:
a) Într-un castron mare, combinați boabele de porumb uriașe fierte, fasolea lima, fasolea fava, mazărea verde, roșiile tăiate cubulețe, ceapa roșie, ardeiul rocoto, queso fresco, coriandru tocat și pătrunjelul tocat.
b) Amesteca bine.
c) Într-un castron mic separat, amestecați oțetul de vin roșu, uleiul de măsline extravirgin, usturoiul tocat, sucul de lămâie, sarea și piperul pentru a face dressingul.
d) Se toarnă dressingul peste ingredientele pentru salată și se amestecă ușor până când totul este bine acoperit.
e) Gustați și potriviți condimentele cu sare și piper dacă este necesar.
f) Lăsați salata Solterito/Salata Peruviană la marinat la frigider pentru cel puțin 30 de minute pentru a permite aromelor să se amestece.
g) Înainte de a o servi, dați salata o ultimă amestecare și, dacă doriți, garniți cu coriandru sau pătrunjel tocat suplimentar.
h) Serviți salata Solterito/Salata Peruviană răcită ca garnitură răcoritoare sau fel principal ușor.

32. Terină de cartofi picant (Causa Rellena)

INGREDIENTE:
PENTRU CARTOFI
- 2 lbs. Cartofi Yukon Gold
- ½ cană ulei de măsline
- 1/3 cana suc de lamaie (aproximativ 3)
- 1 lingura pudră de aji amarillo

PENTRU Umpluturi, ALEGEREA:
- Salata de ton
- Salata de pui
- Salată de creveți
- Roșii și avocado
- Pentru toppinguri
- Ou fiert tare felii
- Avocado feliat
- Roșii cherry tăiate în jumătate
- Măsline negre
- Ierburi
- ardei gras

INSTRUCȚIUNI:

a) Fierbeți cartofii până se străpung ușor cu un cuțit. Când este suficient de rece pentru a fi manevrat, curățați pielea și piureați ușor sau treceți printr-o mașină de prăjire pentru cartofi.

b) Se amestecă pudra de chile în sucul de lămâie, astfel încât să nu fie cocoloașe și se adaugă la cartofi împreună cu uleiul de măsline. Adăugați sare după gust, probabil că veți avea nevoie de cel puțin o linguriță.

c) Tapetați două tigăi de 9 inchi cu folie de plastic și lăsați surplusul să atârne peste marginea tigăilor.

d) Împărțiți amestecul de cartofi între cele două tigăi pregătite și apăsați pentru a se aplatiza și netezi. Aduceți marginile foliei de plastic peste prăjitura cu cartofi și puneți la frigider până se răcește.

A ASAMBLA

e) Scoateți o prăjitură de cartofi din tavă folosind folie de plastic, răsturnați și puneți-le pe un platou de servire. Se unge cu umplutura la alegere. Acoperiți cu al doilea tort de cartofi.

f) Acum vine partea distractivă. Decorează-ți cauza rellena folosind oricare dintre toppingurile sugerate din listă sau folosește-ți imaginația și folosește tot ce ai la îndemână. Servit rece.

33.Ensalada de Pallares (Salata peruana de fasole Lima)

INGREDIENTE:
- 2 cani de fasole de lima (pallares) fiarta, scursa
- 1 ceapa rosie, taiata marunt
- 1 cană boabe de porumb proaspete (fierte)
- 1 cană de roșii cherry, tăiate la jumătate
- 1/4 cană coriandru proaspăt, tocat
- 1/4 cană queso fresco (brânză proaspătă peruană), mărunțită
- Suc de lămâie
- Ulei de masline
- Sare si piper dupa gust

INSTRUCȚIUNI:
a) Într-un castron mare de salată, combinați fasolea lima fiartă, ceapa roșie feliată, boabele de porumb proaspete și roșiile cherry.
b) Stropiți cu suc de lămâie și ulei de măsline. Asezonați cu sare și piper.
c) Aruncă salata pentru a combina toate ingredientele.
d) Decorați cu queso fresco mărunțit și coriandru proaspăt.
e) Serviți ca o salată răcoritoare.

34.Salata Aji de Gallina

INGREDIENTE:
PENTRU SALATA:
- 2 căni de pui fiert și mărunțit
- 4 cartofi fierti, feliati
- 2 oua fierte, feliate
- 1/2 cană măsline negre
- 1/4 cană alune prăjite
- Frunze de salata verde pentru servire

PENTRU COSTICUL AJI DE GALLINA:
- 1 cană sos aji amarillo
- 1/2 cană lapte evaporat
- 1/4 cană parmezan ras
- 2 felii de pâine albă, coaja îndepărtată și înmuiată în lapte
- 2 catei de usturoi, tocati
- 2 linguri ulei vegetal
- Sare si piper dupa gust

INSTRUCȚIUNI:
a) Într-un blender, combinați sosul aji amarillo, laptele evaporat, parmezanul, pâinea înmuiată, usturoiul tocat, sare și piper. Se amestecă până la omogenizare.
b) Se incinge ulei vegetal intr-o tigaie si se adauga sosul de aji de gallina. Gatiti cateva minute pana se ingroasa.
c) Aranjați frunzele de salată verde pe farfurii de servire.
d) Acoperiți cu pui tocat, cartofi tăiați felii și felii de ou fiert.
e) Peste salata se stropesc sosul de aji de gallina.
f) Se ornează cu măsline negre și alune prăjite.
g) Serviți cald.

35.Ensalada de Quinua (Salata de Quinoa)

INGREDIENTE:
- 2 cani de quinoa fiarta
- 1 cană de castraveți tăiați cubulețe
- 1 cană de ardei gras roșu tăiat cubulețe
- 1 cana boabe de porumb (fierte)
- 1/2 cană coriandru proaspăt tocat
- 1/4 cana ceapa rosie, tocata marunt
- 1/4 cană brânză feta, mărunțită
- Suc de 2 lime
- Ulei de masline
- Sare si piper dupa gust

INSTRUCȚIUNI:
a) Într-un castron mare de salată, combinați quinoa fiartă, castraveții tăiați cubulețe, ardeiul gras roșu, boabele de porumb, coriandru proaspăt și ceapa roșie.
b) Stropiți cu suc de lămâie și ulei de măsline. Asezonați cu sare și piper.
c) Aruncă salata pentru a combina toate ingredientele.
d) Se ornează cu brânză feta mărunțită.
e) Serviți ca o salată de quinoa răcoritoare.

36.Fasole Lima în sos de coriandru

INGREDIENTE:

- 2 cani de fasole de lima (pallares) fiarta, scursa
- 1 cană frunze proaspete de coriandru
- 2 catei de usturoi
- 1/2 cană queso fresco (brânză proaspătă peruană), mărunțită
- 2 linguri ulei vegetal
- Sare si piper dupa gust

INSTRUCȚIUNI:

a) Într-un blender, combinați coriandru proaspăt, usturoi, queso fresco, ulei vegetal, sare și piper. Mixați până obțineți un sos de coriandru omogen.
b) Se amestecă fasolea de lima fiartă cu sosul de coriandru.
c) Serviți ca garnitură sau fel principal ușor.

37.Solterito de Quinua (Salata de Quinoa Solterito)

INGREDIENTE:
- 2 cani de quinoa fiarta
- 1 cană fasole gătită și decojită (sau fasole lima)
- 1 cana queso fresco taiat cubulete (branza proaspata peruana)
- 1 cană de roșii coapte tăiate cubulețe
- 1/2 cană ceapă roșie tăiată cubulețe
- 1/4 cană coriandru proaspăt tocat
- 1/4 cană măsline negre
- 1/4 cană sos aji amarillo (sos peruvian chili galben)
- Ulei de masline
- Sare si piper dupa gust

INSTRUCȚIUNI:
a) Într-un castron mare de salată, combinați quinoa fiartă, fasolea fava, queso fresco, roșiile tăiate cubulețe, ceapa roșie tăiată cubulețe și coriandru proaspăt tocat.
b) Stropiți cu ulei de măsline și sos de aji amarillo. Asezonați cu sare și piper.
c) Aruncă salata pentru a combina toate ingredientele.
d) Se ornează cu măsline negre.
e) Serviți ca o salată de quinoa răcoritoare.

CARNE DE VID, MIEL ȘI PORC

38. Pachamanca / Carne andină și Legume

INGREDIENTE:
- 1 kilogram carne de vită, tăiată în bucăți
- 1 kilogram carne de porc, tăiată în bucăți
- 1 kilogram de pui, tăiat în bucăți
- 1 kilogram de cartofi, decojiți și tăiați la jumătate
- 1 kg de cartofi dulci, decojiți și tăiați felii
- 2 spice de porumb, decorticate si taiate la jumatate
- 1 cană fasole sau fasole lima
- 1 cană de mazăre verde proaspătă sau congelată
- 1 cană fasole proaspătă sau congelată
- 1 ceapă roșie, feliată subțire
- 4 catei de usturoi, tocati
- 1 lingura. oregano uscat
- 1 lingura. chimen măcinat
- 1 lingura. pastă de aji panca (sau înlocuită cu pastă de chili roșu)
- 1/4 cană ulei vegetal
- Sarat la gust
- Coriandru proaspăt, tocat, pentru ornat

INSTRUCȚIUNI:
a) Preîncălziți cuptorul la 350°F (180°C).
b) Într-un castron mare, combinați carnea de vită, porc, pui, ceapa roșie, usturoi, oregano uscat, chimen măcinat, pasta de aji panca, ulei vegetal și sare.
c) Amestecați bine pentru a vă asigura că toată carnea este acoperită cu marinada.
d) Se lasa la marinat cel putin 30 de minute, sau de preferat peste noapte la frigider.
e) Într-un vas mare de copt sau într-o tavă de prăjire, aranjați carnea marinată, cartofii, cartofii dulci, porumbul, fasolea, mazărea verde și fasolea.
f) Acoperiți strâns vasul de copt cu folie de aluminiu, asigurându-vă că este bine etanșat pentru a capta aburul.
g) Puneți vasul de copt în cuptorul preîncălzit și gătiți timp de aproximativ 2 până la 3 ore, sau până când carnea este fragedă și cartofii și cartofii dulci sunt gătiți.
h) Scoateți cu grijă folia și verificați gradul de coacere a ingredientelor.
i) Dacă este necesar, continuați să coaceți descoperit timp de câteva minute până când totul este complet fiert și frumos rumenit.
j) Odată fiert, scoateți pachamanca din cuptor și lăsați-o să se odihnească câteva minute.
k) Serviți pachamanca pe un platou mare, ornat cu coriandru proaspăt tocat.

39. Carne a la Tacneña/Tacna-Style Beef

INGREDIENTE:
- 1,5 kilograme de carne de vită, tăiată în bucăți mici
- 1 ceapa, tocata marunt
- 2 catei de usturoi, tocati
- 1 ardei gras rosu, feliat subtire
- 1 ardei gras galben, feliat subtire
- 1 roșie, tăiată cubulețe
- 2 linguri. de ulei vegetal
- 1 lingura. de pastă de ají panca (pastă de chili roșu peruan) sau înlocuiți cu pastă de roșii
- 1 lingura de chimen măcinat
- 1 lingura de oregano uscat
- 1 cană de supă de vită
- 1 cană de vin alb sec
- Sare si piper dupa gust
- Coriandru proaspăt pentru garnitură
- Orez alb fiert pentru servire

INSTRUCȚIUNI:
a) Într-o oală mare sau cuptor olandez, încălziți uleiul vegetal la foc mediu.
b) Adăugați ceapa tocată și usturoiul tocat în oală și căleți până când ceapa devine translucidă și usturoiul este parfumat.
c) Adăugați carnea de vită în oală și gătiți până se rumenește pe toate părțile.
d) Se amestecă pasta de ají panca (sau pasta de roșii), chimen măcinat și oregano uscat.
e) Gatiti un minut pentru a praji condimentele.
f) Adăugați în oală ardeiul gras roșu și galben tăiat felii și roșiile tăiate cubulețe. Se amestecă bine pentru a se combina.
g) Se toarnă bulionul de vită și vinul alb.
h) Se condimenteaza cu sare si piper dupa gust.
i) Aduceți amestecul la fierbere, apoi reduceți focul la mic și lăsați-l să fiarbă aproximativ 1,5 până la 2 ore, sau până când carnea de vită este fragedă și aromele s-au amestecat. Amestecați ocazional și adăugați mai mult bulion sau apă dacă este necesar pentru a menține consistența dorită.
j) Odată ce carnea de vită este fragedă, scoateți oala de pe foc.
k) Serviți Carne a la Tacneña/Tacna-Style Beef fierbinte peste orez alb gătit.
l) Ornați fiecare porție cu coriandru proaspăt.

40.Seco de Cordero/Tocană de miel

INGREDIENTE:
- 2 kilograme de tocană de miel, tăiată în bucăți
- 2 linguri. ulei vegetal
- 1 ceapa, tocata marunt
- 3 catei de usturoi, tocati
- 2 linguri. ají amarillo pastă
- 1 lingura chimen măcinat
- 1 lingura oregano uscat
- 1 cană de bere neagră (cum ar fi stout sau bere)
- 2 cesti supa de vita sau de legume
- 2 cani de rosii taiate cubulete (proaspete sau conservate)
- 1/2 cană coriandru tocat
- 2 căni de mazăre verde congelată sau proaspătă
- 4 cartofi medii, curățați și tăiați în sferturi
- Sarat la gust
- Piper, după gust

INSTRUCȚIUNI:
a) Încinge uleiul vegetal într-o oală mare sau cuptor olandez la foc mediu.
b) Adăugați carnea de tocană de miel și gătiți până se rumenește pe toate părțile. Scoateți carnea din oală și lăsați-o deoparte.
c) In aceeasi oala adaugam ceapa tocata si usturoiul tocat. Se caleste pana ce ceapa devine translucida.
d) Se amestecă pasta de ají amarillo, chimen măcinat și oregano uscat.
e) Gatiti inca un minut pentru a permite aromelor sa se topeasca.
f) Întoarceți carnea de tocană de miel în oală și turnați berea neagră. Aduceți amestecul la fiert și gătiți câteva minute pentru a permite alcoolului să se evapore.
g) Adauga in oala supa de vita sau de legume si rosiile taiate cubulete. Aduceți amestecul la fierbere, apoi reduceți focul la mic, acoperiți oala și fierbeți timp de aproximativ 1 oră, sau până când mielul este fraged.
h) Se amestecă coriandru tocat, mazărea verde și cartofii tăiați în sferturi. Continuați să fierbeți încă 15-20 de minute sau până când cartofii sunt gătiți și aromele s-au amestecat.
i) Se condimenteaza cu sare si piper dupa gust. Reglați condimentul și grosimea sosului după preferințe adăugând mai mult bulion dacă doriți.
j) Servește Seco de Cordero/Tocană de miel fierbinte, însoțită de orez aburit și o garnitură de felii de avocado.

41.Lomo Saltado /Carne de vită prăjită

INGREDIENTE:
- 1 kg muschi de vita, taiat in fasii subtiri
- 2 linguri. ulei vegetal
- 1 ceapa rosie, taiata felii
- 2 roșii, tăiate felii
- 1 ardei gras galben, feliat
- 1 ardei gras verde, feliat
- 3 catei de usturoi, tocati
- 2 linguri. sos de soia
- 2 linguri. otet de vin rosu
- 1 lingura chimen praf
- Sarat la gust
- Piper negru proaspăt măcinat, după gust
- 1/4 cană coriandru proaspăt tocat
- Cartofi prajiti, fierti, pentru servire
- Orez alb la abur, pentru servire

INSTRUCȚIUNI:
a) Într-o tigaie mare sau wok, încălziți ulei vegetal la foc mare.
b) Adăugați fâșiile de vită în uleiul încins și gătiți până se rumenesc pe toate părțile.
c) Scoateți carnea de vită din tigaie și lăsați-o deoparte.
d) În aceeași tigaie, adăugați ceapa roșie feliată și gătiți până se înmoaie ușor.
e) Adăugați roșiile, ardeiul gras și usturoiul tocat în tigaie. Se prăjește câteva minute până când legumele devin crocante și fragede.
f) Reveniți carnea de vită fiartă în tigaie și amestecați bine cu legumele.
g) Într-un castron mic, amestecați sosul de soia, oțetul de vin roșu, praful de chimen, sarea și piperul negru. Turnați acest sos peste carnea de vită și legumele din tigaie. Se amestecă pentru a acoperi totul uniform.
h) Gatiti inca 2-3 minute, lasand aromele sa se topeasca.
i) Scoateți tigaia de pe foc și presărați coriandru proaspăt peste Lomo Saltado.
j) Serviți Lomo Saltado fierbinte, însoțit de cartofi prăjiți gătiți și orez alb la abur.

42.Tacacho cu Cecina/banane prăjite și carne uscată

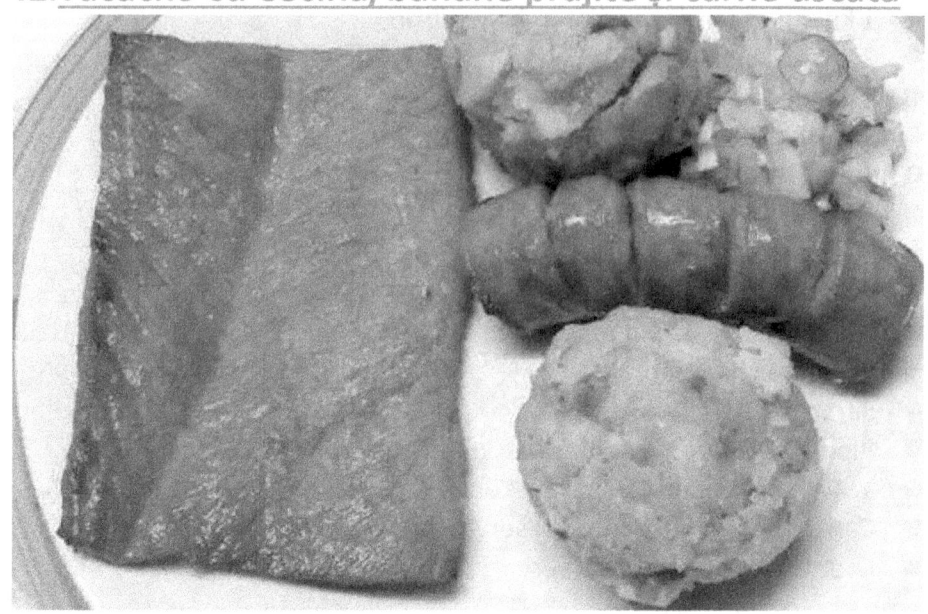

INGREDIENTE:
- 4 pătlagini verzi
- 14 oz. de cecina (mușchi de porc sărat și afumat)
- Ulei vegetal pentru prajit
- Sarat la gust

INSTRUCȚIUNI:
a) Începeți prin a fierbe pătlaginile verzi într-o oală mare cu apă până când sunt moi și fragede. Acest lucru durează de obicei aproximativ 20-30 de minute.
b) În timp ce pătlaginele fierb, feliați cecina în fâșii subțiri sau bucăți mici.
c) Încinge o tigaie la foc mediu și adaugă o cantitate mică de ulei vegetal.
d) Prăjiți cecina în tigaie până devine crocantă și rumenită pe ambele părți. Acest lucru durează de obicei aproximativ 5-7 minute. Pus deoparte.
e) Odată ce pătlaginele sunt fierte, scoateți-le din apă și îndepărtați pielea. Ar trebui să fie moi și ușor de manevrat.
f) Puneți pătlaginile decojite într-un castron mare și zdrobiți-le folosind un zdrobitor de cartofi sau o furculiță până când sunt netede și fără cocoloașe.
g) Se condimentează pătlaginile piure cu sare după gust și se amestecă bine.
h) Împărțiți pătlaginele piure în porții egale și modelați-le în bile rotunde sau chiftelute.
i) Se încălzește o tigaie sau o grătar la foc mediu și se adaugă suficient ulei vegetal pentru a acoperi fundul.
j) Puneți biluțele sau chiftelele de pătlagină pe tigaia încinsă și aplatizați-le ușor cu o spatulă. Prăjiți-le până devin aurii și crocante pe ambele părți. Acest lucru durează de obicei aproximativ 5 minute pe fiecare parte.
k) Scoateți tacachos-urile prăjite din tigaie și scurgeți-le pe prosoape de hârtie pentru a îndeparta orice exces de ulei.
l) Serviți tacachos-urile cu cecina crocantă deasupra. Îl poți servi și cu o parte de salsa criolla (o salsa tradițională de ceapă și lămâie peruană) sau aji (sos peruvian picant).

43. Adobo/Tocană de porc marinată

INGREDIENTE:
- 2 kg de umăr de porc sau bucăți de pui
- 4 catei de usturoi, tocati
- 2 linguri. ulei vegetal
- 1/4 cană oțet alb
- 2 linguri. sos de soia
- 2 linguri. pastă de aji panca (pastă de ardei roșu peruan)
- 1 lingura chimen măcinat
- 1 lingura oregano uscat
- 1/2 linguriță. piper negru
- 1/2 linguriță. sare, sau după gust

INSTRUCȚIUNI:
a) Într-un castron, combinați usturoiul tocat, uleiul vegetal, oțetul alb, sosul de soia, pasta de aji panca, chimenul, oregano uscat, piper negru și sare.
b) Se amestecă bine pentru a forma o marinadă.
c) Puneți spata de porc sau bucățile de pui într-un vas puțin adânc sau într-o pungă Ziploc. Turnați marinada peste carne, asigurându-vă că este bine acoperită.
d) Acoperiți vasul sau sigilați punga și dați la frigider pentru cel puțin 2 ore, sau de preferat peste noapte, pentru a permite aromelor să pătrundă în carne.
e) Preîncălziți grătarul sau cuptorul la foc mediu-mare.
f) Dacă folosiți un grătar, scoateți carnea din marinadă și grătați-o la foc mediu-mare până când este gătită și bine carbonizată pe exterior.
g) Dacă folosiți un cuptor, puneți carnea marinată pe o foaie de copt și coaceți-o la 400 ° F (200 ° C) timp de aproximativ 25-30 de minute sau până când carnea este gătită și rumenită.
h) Odată gătită, scoateți carnea de pe foc și lăsați-o să se odihnească câteva minute înainte de a tăia sau a servi.

44. Causa de Pollo (Caserolă peruană de pui și cartofi)

INGREDIENTE:
PENTRU CAUZĂ:
- 4 cartofi galbeni mari
- 1/4 cană suc de lămâie
- 2 linguri ulei vegetal
- 1 lingurita de pasta de aji amarillo (pasta de chili galben peruana)
- 1 cană pui fiert, mărunțit
- 1 avocado, feliat
- 2 oua fierte tari, feliate
- Sare si piper dupa gust

PENTRU SOS AJI AMARILLO:
- 2 ardei aji amarillo, fără semințe și devenați
- 2 linguri ulei vegetal
- 1/4 cană queso fresco (brânză proaspătă peruană)
- 1/4 cană lapte evaporat
- Sare si piper dupa gust

INSTRUCȚIUNI:
Pentru cauza:
a) Fierbeți cartofii până când sunt moi și pot fi ușor piureați.
b) Curățați și piureați cartofii cât sunt încă caldi.
c) Adăugați suc de lămâie, ulei vegetal, pasta de aji amarillo, sare și piper. Se amestecă bine pentru a forma un aluat neted de cartofi.
d) Împărțiți aluatul de cartofi în porții mici.
e) Aplatizați o porțiune din aluat și adăugați un strat de pui mărunțit.
f) Acoperiți cu un alt strat de aluat de cartofi.
g) Se ornează cu felii de avocado și felii de ou fiert tare.
h) Servit rece.

Pentru sosul Aji Amarillo:
i) Într-un blender, combinați ardeiul aji amarillo, uleiul vegetal, queso fresco, laptele evaporat, sare și piper. Mixați până obțineți un sos cremos.
j) Serviți Causa de Pollo cu un strop de sos Aji Amarillo.

45. Cordero a la Nortena (Miel în stil nordic)

INGREDIENTE:
- 2 lb umăr sau pulpă de miel, tăiate în bucăți
- 1/4 cană ulei vegetal
- 1 ceapa rosie, tocata marunt
- 2 catei de usturoi, tocati
- 2 linguri de pasta de aji amarillo (pasta de chili galben peruana)
- 1 cană chicha de jora (bere de porumb fermentată peruviană)
- 2 căni de mazăre congelată sau proaspătă
- 2 căni de orez alb
- 2 căni de apă
- Sare si piper dupa gust

INSTRUCȚIUNI:
a) Într-o oală mare, se încălzește ulei vegetal și se rumenesc bucățile de miel.
b) Adăugați ceapa tocată mărunt, usturoiul tocat și pasta de aji amarillo. Gatiti pana ce ceapa este moale.
c) Se toarnă chicha de jora și se fierbe până când mielul este fraged și sosul se îngroașă.
d) Într-o oală separată, gătiți orezul alb cu apă, sare și piper.
e) Serviți mielul peste orez fiert, ornat cu mazăre.

46.Anticuchos / Inimă de vită la grătar Frigarui

INGREDIENTE:
- 1,5 kilograme inimă de vită sau friptură de muschi, tăiate în bucăți mici
- 1/4 cană oțet de vin roșu
- 3 linguri. ulei vegetal
- 2 catei de usturoi, tocati
- 1 lingura. chimen măcinat
- 1 lingura. paprika
- 1 lingura oregano uscat
- 1 lingura pudra de chili
- Sarat la gust
- Piper negru proaspăt măcinat, după gust
- Frigarui de lemn, inmuiate in apa cel putin 30 de minute
- Salsa de Aji (sos peruvian chili), pentru servire

INSTRUCȚIUNI:
a) Într-un castron mare, combinați oțetul de vin roșu, uleiul vegetal, usturoiul tocat, chimenul măcinat, boia de ardei, oregano uscat, pudra de chili, sare și piper negru.
b) Amestecați bine pentru a crea marinada.
c) Adăugați inima de vită sau bucățile de mușchiu la marinată și amestecați pentru a acoperi bine carnea.
d) Acoperiți vasul și lăsați-l la marinat la frigider pentru cel puțin 2 ore, sau de preferat peste noapte, pentru a permite aromelor să se dezvolte.
e) Preîncălziți grătarul sau broilerul la foc mediu-mare.
f) Așezați bucățile de carne de vită marinate pe frigăruile de lemn înmuiate, lăsând un spațiu mic între fiecare bucată.
g) Prăjiți sau prăjiți anticuchos aproximativ 3-4 minute pe fiecare parte sau până când carnea este gătită la nivelul dorit de coacere.
h) Rotiți frigăruile din când în când pentru a găti uniform.
i) Scoateți anticuchos-urile fierte de pe grătar sau broiler și lăsați-le să se odihnească câteva minute înainte de servire.
j) Servește anticuchos fierbinte, însoțit de Salsa de Aji, un sos tradițional peruvian chili, pentru înmuiere.

PĂSĂRI

47. Estofado de Pollo/Tocană de pui

INGREDIENTE:
- 2 kg bucăți de pui (pulpe, pulpe sau un pui întreg tăiat în bucăți)
- 2 linguri. ulei vegetal
- 1 ceapa, tocata marunt
- 2 catei de usturoi, tocati
- 1 ardei gras rosu, feliat
- 1 ardei gras galben, feliat
- 2 roșii, tăiate cubulețe
- 2 linguri. pasta de tomate
- 1 cană supă de pui
- 1 cană mazăre verde congelată
- 1 lingura chimen măcinat
- 1 lingura paprika
- 1 lingura oregano uscat
- Sare si piper dupa gust
- Coriandru sau pătrunjel proaspăt, tocat (pentru garnitură)

INSTRUCȚIUNI:
a) Se condimentează bucățile de pui cu sare și piper.
b) Într-o oală mare sau cuptor olandez, încălziți uleiul vegetal la foc mediu.
c) Adăugați bucățile de pui și rumeniți-le pe toate părțile. Scoateți puiul din oală și lăsați-l deoparte.
d) În aceeași oală, adăugați ceapa tocată, usturoiul tocat și ardeiul gras tăiat felii. Se calesc pana cand legumele se inmoaie.
e) Adăugați roșiile tăiate cubulețe și pasta de roșii în oală și gătiți câteva minute până când roșiile se descompun și își eliberează sucul.
f) Puneți bucățile de pui în oală, împreună cu sucurile acumulate. Amestecați pentru a acoperi puiul cu amestecul de legume și roșii.
g) Se toarnă bulionul de pui și se adaugă chimenul măcinat, boia de ardei, oregano uscat, sare și piper. Se amestecă pentru a combina.
h) Aduceți tocanita la fierbere, apoi reduceți focul la mic și acoperiți oala. Lăsați să fiarbă aproximativ 30-40 de minute sau până când puiul este fiert și fraged.
i) Adăugați mazărea verde congelată în oală și gătiți încă 5 minute.
j) Gustați și ajustați condimentele dacă este necesar.
k) Luați oala de pe foc și lăsați-o să stea câteva minute.
l) Servește Estofado de Pollo/Tocană de pui fierbinte, ornat cu coriandru proaspăt sau pătrunjel.
m) Însoțiți tocanita cu orez sau cartofi și bucurați-vă de aromata și reconfortantă Estofado de Pollo/Tocană de pui.

48. Arroz cu Pato/Duck Rice

INGREDIENTE:
- 1 rață întreagă, tăiată în bucăți de servire
- 2 căni de orez cu bob lung
- 4 căni de supă de pui
- 1 cană de bere (de preferință un lager ușor)
- 1 buchet de coriandru proaspăt, tulpinile îndepărtate
- 1 ceapa, tocata
- 4 catei de usturoi, tocati
- 2 linguri. de ulei vegetal
- 1 lingura de chimen măcinat
- 1 lingura de boia
- 1 lingura. de pastă de aji amarillo (pastă de chili galben peruan) (opțional)
- Sare si piper dupa gust
- Ceapa rosie si felii de lime taiate pentru decor

INSTRUCȚIUNI:
a) Într-o oală mare, încălziți uleiul vegetal la foc mediu.
b) Adăugați ceapa tocată și usturoiul tocat și căleți până când ceapa devine translucidă.
c) Adăugați bucățile de rață în oală și gătiți până se rumenesc pe toate părțile.
d) Adăugați chimenul măcinat, boia de ardei și pasta de aji amarillo (dacă este folosit) și amestecați pentru a acoperi rața cu condimente.
e) Se toarnă berea și se fierbe câteva minute pentru a lăsa alcoolul să se evapore.
f) Adăugați bulionul de pui în oală și aduceți-l la fiert. Reduceți focul la mic, acoperiți oala și lăsați rața să fiarbă aproximativ 1 până la 1,5 ore sau până când devine fragedă. Îndepărtați excesul de grăsime sau impurități care se ridică la suprafață în timpul gătirii.
g) În timp ce rața se gătește, amestecați coriandru cu puțină apă într-un blender sau robot de bucătărie până obțineți un piure omogen.
h) Odată ce rața este fragedă, scoateți-o din oală și lăsați-o deoparte. Rezervați lichidul de gătit.
i) Într-o oală separată, încălziți 2 linguri. de ulei vegetal la foc mediu.
j) Adăugați orezul și amestecați pentru a-l acoperi cu ulei.
k) Turnați lichidul de gătit rezervat de la rață, împreună cu suficientă apă pentru a face un total de 4 căni de lichid (ajustați după cum este necesar).
l) Se condimenteaza cu sare si piper dupa gust.
m) Se amestecă piureul de coriandru și se aduce lichidul la fierbere. Reduceți focul la mic, acoperiți oala și lăsați orezul să fiarbă aproximativ 20-25 de minute sau până când este fiert și lichidul este absorbit.
n) În timp ce orezul se gătește, tăiați carnea de rață fiartă folosind două furculițe sau mâinile, aruncând oasele și grăsimea în exces.
o) După ce orezul este fiert, pufă-l cu o furculiță și amestecă ușor carnea de rață mărunțită.
p) Ajustați condimentele dacă este necesar și lăsați aromele să se amestece împreună câteva minute.
q) Serviți Arroz con Pato/Duck Rice fierbinte, ornat cu ceapă roșie feliată și felii de lime în lateral.

49. Pollo a la Brasa/Rotisserie Chicken

INGREDIENTE:
- 1 pui întreg, aproximativ 3-4 kilograme
- 4 catei de usturoi, tocati
- 2 linguri. ulei vegetal
- 2 linguri. sos de soia
- 2 linguri. oțet alb
- 1 lingura. paprika
- 1 lingura. chimion
- 1 lingura. oregano uscat
- 1 lingura piper negru
- 1 lingura sare
- Suc de 1 lime
- Gratar pe carbune sau pe gaz

INSTRUCȚIUNI:
a) Într-un castron, combinați usturoiul tocat, uleiul vegetal, sosul de soia, oțetul alb, boia de ardei, chimenul, oregano uscat, piper negru, sare și sucul de lămâie.
b) Amestecați bine pentru a crea marinada.
c) Puneți întregul pui într-o pungă mare cu fermoar sau într-un recipient cu capac. Turnați marinada peste pui, asigurându-vă că este bine acoperită.
d) Închideți punga sau acoperiți recipientul și lăsați-l la frigider pentru cel puțin 4 ore, sau de preferință peste noapte, pentru a permite aromelor să se infuzeze în pui.
e) Preîncălziți grătarul la foc mediu-mare. Dacă folosiți cărbune, așteptați până când cărbunii sunt albi și strălucitori.
f) Scoateți puiul marinat din frigider și lăsați-l să stea la temperatura camerei aproximativ 30 de minute înainte de a-l pune pe grătar.
g) Așezați puiul pe grătar, cu pieptul în jos.
h) Gatiti aproximativ 20-25 de minute, apoi intoarceti puiul si gatiti inca 20-25 de minute. Continuați să prăjiți, întorcându-le ocazional, până când puiul atinge o temperatură internă de 165 ° F (75 ° C) și pielea este maro aurie și crocantă.
i) Odată fiert, scoateți puiul de pe grătar și lăsați-l să se odihnească câteva minute înainte de a-l tăia.
j) Tăiați puiul Pollo a la Brasa/Rotisserie în bucăți de servire, cum ar fi pulpe, aripioare și piept.
k) Servește puiul Pollo a la Brasa/Rotisserie fierbinte cu garniturile la alegere, cum ar fi cartofi prăjiți, salată sau orez.

50.Aji de Gallina /Pui în sos de ardei Aji

INGREDIENTE:
- 2 kilograme de piept de pui sau pulpe dezosate
- 4 cesti supa de pui
- 2 linguri. ulei vegetal
- 1 ceapa medie, tocata
- 3 catei de usturoi, tocati
- 2 ardei ají galbeni (sau înlocuiți cu ardei jalapeño), fără semințe și tăiați mărunt
- 2 lingurite. chimen măcinat
- 1 lingura Praf de turmeric
- 1 cană lapte evaporat
- 1 cană parmezan ras
- 1 cana nuci tocate
- 1/2 cană măsline negre, feliate
- Sarat la gust
- Piper negru proaspăt măcinat, după gust
- Orez alb fiert, pentru servire
- Ouă fierte tari, feliate, pentru ornat
- Pătrunjel sau coriandru proaspăt, tocat, pentru ornat

INSTRUCȚIUNI:

a) Într-o oală mare, aduceți la fiert pieptul sau pulpele de pui și bulionul de pui.
b) Reduceți focul la mic, acoperiți și fierbeți timp de aproximativ 20 de minute sau până când puiul este complet gătit.
c) Scoateți puiul din oală, rezervând bulionul.
d) Lăsați puiul să se răcească puțin, apoi tăiați-l în bucăți mici. Pus deoparte.
e) Într-o tigaie mare, încălziți uleiul vegetal la foc mediu.
f) Adăugați ceapa tocată și usturoiul tocat și căleți până când ceapa devine translucidă și parfumată.
g) Adăugați ardeii ají tocați, chimenul măcinat și pudra de turmeric în tigaie.
h) Gatiti cateva minute, amestecand din cand in cand, pentru a permite aromelor sa se topeasca.
i) Se toarnă bulionul de pui rezervat, laptele evaporat, parmezanul ras și nuca mărunțită.
j) Se amestecă bine pentru a combina toate ingredientele.
k) Aduceți amestecul la fiert și gătiți aproximativ 10 minute, sau până când sosul se îngroașă ușor.
l) Adăugați puiul mărunțit și măslinele negre feliate în tigaie.
m) Se amestecă pentru a acoperi puiul uniform cu sosul.
n) Gatiti inca 5 minute, lasand aromele sa se amestece.
o) Asezonați cu sare și piper negru proaspăt măcinat după gust.
p) Serviți Aji de Gallina fierbinte peste orez alb fiert. Se ornează cu ouă fierte tari feliate și pătrunjel sau coriandru proaspăt tocat.

51. Causa de Pollo/Chicken Causa

INGREDIENTE:
STRATURI DE CARTOF
- 2 kg de cartofi galbeni, curatati de coaja si fierti pana se inmoaie
- 1/4 cană de ulei vegetal
- 2-3 linguri. de suc de lamaie
- 1-2 lingurite. de pasta de chili galben (pasta de aji amarillo)
- Sarat la gust

Umplutură cu salată de pui
- 2 cani de piept de pui fiert, tocat
- 1/2 cană de maioneză
- 1 lingura. de suc de lamaie
- 1 lingura. de pasta de chili galben (pasta de aji amarillo)
- 1/2 ceasca de ceapa rosie tocata marunt
- 1/4 cană de coriandru tocat mărunt
- Sare si piper dupa gust

MONTARE SI ORNIERE
- Felii de avocado
- Ouă fierte tari, feliate
- Măsline negre
- Frunze de salata verde
- Pastă suplimentară de chili galben pentru decor

INSTRUCȚIUNI:
a) Într-un castron mare, zdrobiți cartofii galbeni fierți folosind un zdrobitor sau o furculiță până când sunt omogeni și fără cocoloașe.
b) Adăugați uleiul vegetal, sucul de lămâie, pasta de chili galben și sare la piureul de cartofi.
c) Amestecați bine până când toate ingredientele sunt încorporate și cartofii au o consistență netedă, cremoasă. Gustați și ajustați condimentele dacă este necesar.
d) Într-un alt castron, combinați pieptul de pui mărunțit, maioneza, sucul de lămâie, pasta de chili galben, ceapa roșie, coriandru, sare și piper.
e) Amestecați bine pentru a acoperi uniform puiul cu dressing.
f) Tapetați o farfurie dreptunghiulară sau pătrată cu folie de plastic, lăsând suficientă înălțime pe părțile laterale pentru o îndepărtare ușoară.
g) Întindeți un strat din amestecul de piure de cartofi uniform pe fundul vasului, cu o grosime de aproximativ 1/2 inch.
h) Adăugați un strat de amestec de salată de pui deasupra stratului de cartofi, răspândindu-l uniform.
i) Repetați procesul, alternând straturi de piure de cartofi și salată de pui până când sunt folosite toate ingredientele, încheind cu un strat de piure de cartofi deasupra.
j) Acoperiți vasul cu folie de plastic deasupra și lăsați-l la frigider pentru cel puțin 2 ore pentru a permite aromelor să se topească și cauza să se stabilească.
k) După ce s-a răcit și s-a așezat, îndepărtați folia de plastic și răsturnați cu grijă cauza pe un platou de servire.
l) Ornați partea de sus a causa cu felii de avocado, felii de ou fiert tare, măsline negre și frunze de salată.
m) Stropiți decorativ pastă de chili galben deasupra pentru un plus de culoare și aromă.
n) Tăiați cauza în porții individuale și serviți rece.

52.Arroz Chaufa/Orez prăjit peruan

INGREDIENTE:
- 3 căni de orez alb fiert, de preferință vechi de o zi și răcit
- 1 cană de pui sau porc fiert, tăiat cubulețe
- 1 cană de creveți fierți, curățați și devenați
- 1/2 cană de mazăre și morcovi congelați, dezghețați
- 1/2 cană ceapă tăiată cubulețe
- 2 catei de usturoi, tocati
- 2 linguri. sos de soia
- 1 lingura. Sos de scoici
- 1 lingura. ulei de susan
- 2 linguri. ulei vegetal
- 2 oua, batute usor
- Sare si piper dupa gust
- Ceapa verde taiata felii, pentru decor

INSTRUCȚIUNI:
a) Încinge uleiul vegetal într-o tigaie mare sau wok la foc mediu-mare.
b) Adăugați ceapa tăiată cubulețe și usturoiul tocat în tigaie și prăjiți câteva minute până devin aromate și se înmoaie ușor.
c) Împingeți ceapa și usturoiul într-o parte a cratiței și turnați ouăle bătute în cealaltă parte. Se amestecă ouăle până când sunt fierte, apoi se amestecă cu ceapa și usturoiul.
d) Adăugați în tigaie carnea de pui sau porc tăiate cubulețe, creveții fierți, mazărea dezghețată și morcovii. Se prăjește câteva minute până când ingredientele sunt încălzite.
e) Adăugați orezul fiert răcit în tigaie și despărțiți orice bulgări folosind o spatulă. Se prăjește orezul cu celelalte ingrediente, distribuindu-le uniform pe tot orezul.
f) Stropiți peste orez sosul de soia, sosul de stridii și uleiul de susan. Amestecați bine pentru a combina și acoperiți orezul uniform cu sosurile.
g) Condimentează Arroz Chaufa/orez prăjit peruan cu sare și piper, după gust. Reglați cantitățile de condimente și sos după preferințe.
h) Continuați să prăjiți orezul pentru încă câteva minute până când este bine încălzit și aromele s-au îmbinat.
i) Scoateți de pe foc Arroz Chaufa/orezul prăjit peruan și ornat cu ceapă verde feliată.
j) Serviți Arroz Chaufa/orez prăjit peruvian fierbinte ca fel principal sau ca garnitură cu sos de soia sau sos chili suplimentar, dacă doriți.

53.Arroz con Pollo (pui și orez peruvian)

INGREDIENTE:
- 2 căni de orez cu bob lung
- 4 sferturi pulpe de pui, cu piele și cu os
- 2 linguri ulei vegetal
- 1/2 cană ardei gras roșu tăiat cubulețe
- 1/2 cană ardei gras verde tăiat cubulețe
- 1/2 cană ceapă roșie tăiată cubulețe
- 2 catei de usturoi, tocati
- 2 linguri de pasta de aji amarillo (pasta de chili galben peruana)
- 2 cesti supa de pui
- 1/2 cană mazăre congelată
- 1/2 cană morcovi tăiați cubulețe
- 1/2 cană fasole verde tăiată cubulețe
- 1/4 cană coriandru proaspăt, tocat
- Sare si piper dupa gust

INSTRUCȚIUNI:
a) Într-o oală mare, încălziți ulei vegetal și rumeniți sferturile pulpelor de pui pe toate părțile. Scoateți și lăsați deoparte.
b) În aceeași oală, căleți ardeiul gras roșu și verde tăiat cubulețe, ceapa roșie tăiată cubulețe și usturoiul tocat până se înmoaie.
c) Se amestecă pasta de aji amarillo și se fierbe timp de câteva minute.
d) Întoarceți puiul în oală, adăugați orezul și turnați supa de pui. Asezonați cu sare și piper.
e) Adăugați mazărea congelată, morcovii tăiați cubulețe și fasolea verde tăiată cubulețe. Amesteca bine.
f) Acoperiți și fierbeți până când puiul este gătit, iar orezul este fraged.
g) Se ornează cu coriandru proaspăt înainte de servire.

54. Papa a la Huancaína cu Pollo

INGREDIENTE:
PENTRU SOS HUANCAÍNA:
- 2 ardei aji amarillo, fără semințe și devenați
- 2 catei de usturoi, tocati
- 1 cană queso fresco (brânză proaspătă peruană)
- 1/2 cană lapte evaporat
- 4 biscuiti sifon
- 2 linguri ulei vegetal
- Sare si piper dupa gust

PENTRU PUI:
- 4 piept de pui dezosați și fără piele
- 1/4 cană ulei vegetal
- Sare si piper dupa gust

PENTRU CARTOFI:
- 4 cartofi galbeni mari, fierti si feliati
- Frunze de salata verde pentru servire
- Masline negre pentru garnitura
- Ouă fierte tari, feliate

INSTRUCȚIUNI:

a) Într-un blender, combinați ardeiul aji amarillo, usturoiul tocat, queso fresco, laptele evaporat, biscuiții de sodă, uleiul vegetal, sare și piper. Mixați până obțineți un sos Huancaína cremos.

b) Se condimentează pieptul de pui cu sare și piper, apoi se prăjește pe grătar sau se prăjește până când este fiert.

c) Serviți puiul peste frunze de salată, acoperiți cu felii de cartofi fierți și stropiți cu sos Huancaína peste pui și cartofi.

d) Se ornează cu felii de ou fiert tare și măsline negre.

55.Aguadito de Pollo (supă peruană de pui şi orez)

INGREDIENTE:
- 4 pulpe de pui cu os, pe piele
- 1 cană de orez cu bob lung
- 8 cesti supa de pui
- 1/2 cană mazăre verde
- 1/2 cană boabe de porumb (proaspete sau congelate)
- 1/2 cană coriandru tocat
- 1/2 cană ceapă roșie tăiată cubulețe
- 2 catei de usturoi, tocati
- 1 ardei aji amarillo, fără semințe și tocat mărunt (opțional pentru căldură)
- 2 linguri ulei vegetal
- Sare si piper dupa gust
- Bucuri de lime pentru servire

INSTRUCȚIUNI:
a) Într-o oală mare, încălziți ulei vegetal la foc mediu-mare.
b) Adăugați pulpele de pui și rumeniți-le pe ambele părți.
c) Adăugați ceapa roșie tăiată cubulețe, usturoiul tocat și aji amarillo (dacă este folosit) și gătiți pana când ceapa este moale.
d) Se amestecă orezul și se fierbe câteva minute.
e) Se toarnă supa de pui și se aduce la fierbere.
f) Reduceți căldura la fiert și adăugați mazăre verde, porumb și coriandru tocat.
g) Se fierbe până când orezul este fiert, iar supa s-a îngroșat puțin.
h) Se servesc cu felii de lime pentru a le stoarce peste supa.

56.Pui și cartofi Pachamanca

INGREDIENTE:
- 4 bucăți de pui cu os și piele
- 4 cartofi galbeni mari, curatati si taiati in jumatate
- 2 căni de fasole lima, decojită
- 4 spice de porumb, decorticate si taiate rondele
- 1/2 cană pastă de aji panca (pastă de chili roșu peruan)
- 1/2 cană chicha de jora (bere de porumb fermentată peruviană)
- 1/4 cană ulei vegetal
- 2 linguri de usturoi zdrobit
- 2 linguri chimen macinat
- 2 linguri oregano uscat
- Frunze de bananier
- Sare si piper dupa gust

INSTRUCȚIUNI:
a) Într-un castron mare, combinați pasta de aji panca, chicha de jora, ulei vegetal, usturoi zdrobit, chimen măcinat, oregano uscat, sare și piper pentru a face o marinadă.
b) Frecați bucățile de pui și cartofii cu marinada și lăsați-le să stea aproximativ 1 oră.
c) Puneți frunze de banană pe fundul unui cuptor subteran sau a unui vas mare de copt.
d) Așezați puiul marinat, cartofii, fasolea lima și rondelele de porumb pe frunzele de banane.
e) Acoperiți cu mai multe frunze de banană.
f) Coaceți în cuptorul subteran sau în cuptorul obișnuit la o temperatură scăzută (aproximativ 300 ° F sau 150 ° C) timp de câteva ore, până când totul este gătit și fraged.
g) Se serveste fierbinte.

57. Aji de Pollo (Pui în sos Aji picant)

INGREDIENTE:
- 4 piept de pui dezosati, fara piele, taiati fasii
- 1/2 cană sos aji amarillo (sos peruvian chili galben)
- 2 linguri ulei vegetal
- 1 ceapă roșie, feliată subțire
- 2 catei de usturoi, tocati
- 2 cesti supa de pui
- 2 linguri de arahide, prajite si macinate
- 1/2 cană queso fresco (brânză proaspătă peruană), mărunțită
- 4 cesti de orez alb fiert
- Sare si piper dupa gust

INSTRUCȚIUNI:
a) Într-o tigaie mare, încălziți ulei vegetal la foc mediu.
b) Adăugați ceapa roșie feliată și usturoiul tocat. Se caleste pana ce ceapa este moale.
c) Adaugati fasiile de pui si gatiti pana se rumenesc.
d) Se amestecă sosul ají amarillo și bulionul de pui. Se fierbe până când puiul este gătit și sosul se îngroașă.
e) Se condimenteaza cu sare si piper dupa gust.
f) Serviți Aji de Pollo peste orez alb gătit, ornat cu alune măcinate și queso fresco mărunțit.

58. Quinotto con Pollo (Risotto cu pui și quinoa)

INGREDIENTE:
- 2 piept de pui dezosati, fara piele, taiati cubulete
- 1 cană de quinoa
- 2 cesti supa de pui
- 1/2 cană de vin alb
- 1/2 cană parmezan ras
- 1/4 cană coriandru proaspăt tocat
- 1/4 cană ardei gras roșu tăiat cubulețe
- 1/4 cană mazăre verde tăiată cubulețe
- 2 linguri ulei vegetal
- Sare si piper dupa gust

INSTRUCȚIUNI:
a) Într-o tigaie mare, încălziți ulei vegetal și gătiți cuburi de pui până se rumenesc și sunt fierte. Scoateți din tigaie și lăsați deoparte.
b) În aceeași tigaie, adăugați quinoa și prăjiți-o pentru câteva minute.
c) Se toarnă vin alb și se fierbe până când se absoarbe în mare parte.
d) Adăugați treptat supa de pui, amestecând până ce quinoa este fiartă și cremoasă.
e) Se amestecă parmezan ras, coriandru tocat, ardei gras roșu tăiat cubulețe și mazăre verde tăiată cubulețe.
f) Asezonați cu sare și piper.
g) Serviți Quinotto cu puiul fiert deasupra.

PORCUȘOR DE GUINEEA

59. Picante de Cuy/Tocanita de cobai

INGREDIENTE:

- 2 cobai, curatati si taiati bucati de portie
- 1 cană de pastă de aji panca (pastă de chili roşu peruan)
- 1/2 cană de ulei vegetal
- 2 cepe, tocate mărunt
- 4 catei de usturoi, tocati
- 2 linguri. de chimen măcinat
- 2 linguri. de oregano uscat
- 2 căni de bulion de pui sau de legume
- 4 cartofi, curățați și tăiați în bucăți
- 2 morcovi, decojiti si feliati
- 1 cană de mazăre verde (proaspătă sau congelată)
- Sare si piper dupa gust
- Coriandru proaspăt pentru garnitură
- Orez alb fiert pentru servire

INSTRUCȚIUNI:
a) Într-un castron mare, marinați bucățile de cobai cu pasta de aji panca, asigurându-vă că sunt acoperite uniform. Se lasa la marinat cel putin 30 de minute, sau de preferat peste noapte la frigider.
b) Într-o oală mare sau cuptor olandez, încălziți uleiul vegetal la foc mediu.
c) Adăugați ceapa tocată și usturoiul tocat în oală și căleți până când ceapa devine translucidă și usturoiul este parfumat.
d) Se amestecă chimenul măcinat și oregano uscat și se fierbe timp de un minut pentru a le elibera aromele.
e) Adăugați bucățile de cobai marinate în oală și rumeniți-le pe toate părțile pentru câteva minute.
f) Se toarnă bulionul de pui sau de legume și se condimentează cu sare și piper după gust.
g) Acoperiți oala și lăsați cobaiul să fiarbă la foc mic timp de aproximativ 1 până la 1,5 ore sau până când carnea este fragedă și gătită. Amestecați din când în când și adăugați mai mult bulion dacă este necesar.
h) Într-o oală separată, fierbeți cartofii și morcovii în apă cu sare până se înmoaie. Scurgeți și puneți deoparte.
i) Odată ce cobaiul este gătit, adăugați în oală cartofii fierți, morcovii și mazărea verde. Se amestecă ușor pentru a se combina.
j) Continuați să gătiți încă 10 minute, permițând aromelor să se îmbine.
k) Luați oala de pe foc și lăsați-o să se odihnească câteva minute înainte de servire.
l) Serviți picante de Cuy/Tocană de cobai fierbinte, ornat cu coriandru proaspăt.
m) Însoțiți-l cu orez alb fiert.

60.Cuy Chactado (Cobai prăjit)

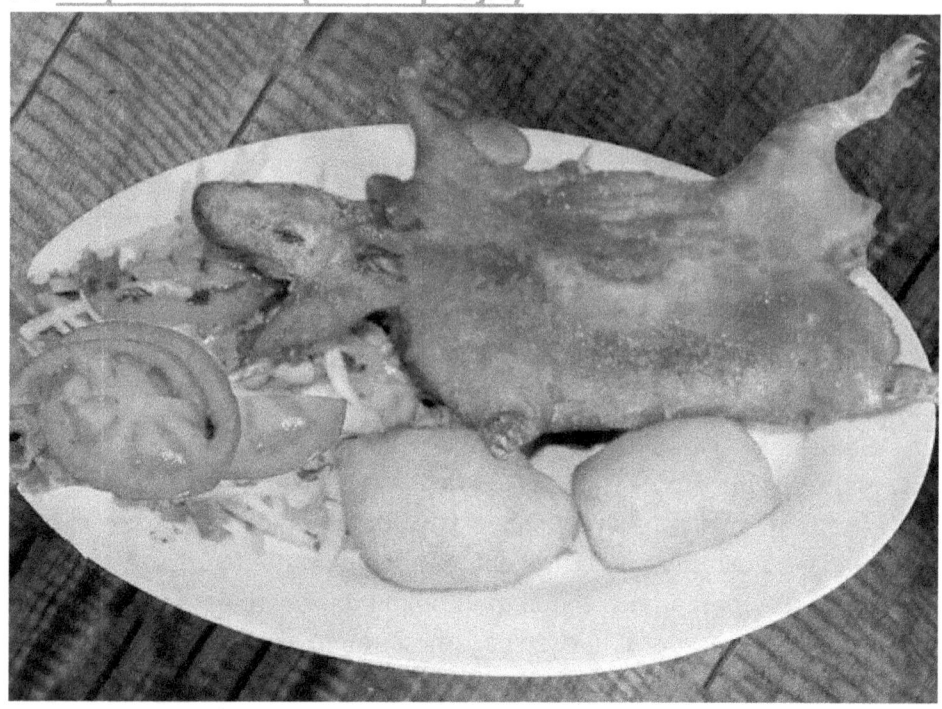

INGREDIENTE:
- 2 cobai, imbracati si taiati bucatele
- 1 cană sos aji amarillo (sos peruvian chili galben)
- 1 cană ulei vegetal
- 1 cană amidon de porumb
- 1 cana cartofi galbeni fierti, feliati
- Frunze de salata verde pentru servire
- Bucuri de lime pentru ornat
- Sare si piper dupa gust

INSTRUCȚIUNI:
a) Asezonați bucățile de cobai cu sare și piper.
b) Dragă fiecare bucată în sos ají amarillo și apoi în amidon de porumb pentru a se acoperi.
c) Încinge ulei vegetal într-o tigaie mare și prăjește bucățile de cobai până când sunt crocante și gătite.
d) Serviți Cuy Chactado cu felii de cartofi fierți, frunze de salată verde și felii de lime.

61. Pachamanca de Cuy (Cobai la cuptor subteran)

INGREDIENTE:
- 2 cobai imbracati si curatati
- 4 cartofi mari, curatati de coaja si taiati la jumatate
- 2 căni de fasole lima, decojită
- 4 spice de porumb, decorticate si taiate rondele
- 1/2 cană pastă de aji panca (pastă de chili roșu peruan)
- 1/2 cană chicha de jora (bere de porumb fermentată peruviană)
- 1/4 cană ulei vegetal
- 2 linguri de usturoi zdrobit
- 2 linguri chimen macinat
- 2 linguri oregano uscat
- Frunze de bananier
- Sare si piper dupa gust

INSTRUCȚIUNI:

a) Într-un castron mare, combinați pasta de aji panca, chicha de jora, ulei vegetal, usturoi zdrobit, chimen măcinat, oregano uscat, sare și piper pentru a face o marinadă.
b) Frecați cobaii cu marinada și lăsați-i să stea aproximativ 1 oră.
c) Puneți frunze de banană pe fundul unui cuptor subteran sau a unui vas mare de copt.
d) Așezați cobai marinați, cartofi, fasole lima și rondele de porumb pe frunzele de banane.
e) Acoperiți cu mai multe frunze de banană.
f) Coaceți în cuptorul subteran sau în cuptorul obișnuit la o temperatură scăzută (aproximativ 300 ° F sau 150 ° C) timp de câteva ore, până când totul este gătit și fraged.
g) Se serveste fierbinte.

62. Cuy al Horno (cobai fript)

INGREDIENTE:
- 2 cobai imbracati si curatati
- 2 linguri de pastă de aji panca (pastă de chili roșu peruan)
- 1/4 cană ulei vegetal
- 2 catei de usturoi, tocati
- 1/4 cană vin alb
- 2 lingurite chimen macinat
- 2 lingurite de oregano uscat
- Sare si piper dupa gust

INSTRUCȚIUNI:
a) Într-un castron, combinați pasta de aji panca, ulei vegetal, usturoi tocat, vin alb, chimen măcinat, oregano uscat, sare și piper pentru a crea o marinadă.
b) Frecați cobaii cu marinada, asigurându-vă că sunt bine acoperiți. Lăsați-le la marinat cel puțin 2 ore.
c) Preîncălziți cuptorul la 350°F (175°C).
d) Puneți cobaii marinați într-o tigaie și prăjiți în cuptorul preîncălzit pentru aproximativ 1 până la 1,5 ore sau până când sunt complet fierți și au o piele crocantă.
e) Serviți Cuy al Horno cu garniturile peruviane alese.

63.Cuy con Papa a la Huancaina

INGREDIENTE:
PENTRU PORCUL DE GUINEA:
- 2 cobai imbracati si curatati
- 1/4 cană pastă de aji panca (pastă de chili roșu peruan)
- 2 linguri ulei vegetal
- 2 catei de usturoi, tocati
- 1/4 cană vin alb
- 2 lingurite chimen macinat
- 2 lingurite de oregano uscat
- Sare si piper dupa gust

PENTRU CARTOFII HUANCAINA:
- 4 cartofi galbeni, fierti si feliati
- 1 cană queso fresco (brânză proaspătă peruană)
- 1/2 cană sos aji amarillo (sos peruvian chili galben)
- 1/4 cană lapte evaporat
- 2 linguri ulei vegetal
- Sare si piper dupa gust

INSTRUCȚIUNI:
a) Într-un castron, combinați pasta de aji panca, ulei vegetal, usturoi tocat, vin alb, chimen măcinat, oregano uscat, sare și piper pentru a crea o marinadă pentru cobai.
b) Frecați cobaii cu marinada, asigurându-vă că sunt bine acoperiți. Lăsați-le la marinat cel puțin 2 ore.
c) Preîncălziți cuptorul la 350°F (175°C).
d) Puneți cobaii marinați într-o tigaie și prăjiți în cuptorul preîncălzit pentru aproximativ 1 până la 1,5 ore sau până când sunt complet fierți și au o piele crocantă.
e) Pentru cartofii Huancaina, amestecați queso fresco, sosul ají amarillo, laptele evaporat, uleiul vegetal, sare și piper până obțineți un sos cremos.
f) Serviți cobaii prăjiți cu felii de cartofi fierți stropite cu sos Huancaina.

64.Cuy Saltado (porcuşor de Guineea prăjit)

INGREDIENTE:
- 2 cobai imbracati si curatati, taiati bucatele
- 2 linguri ulei vegetal
- 1 ceapă roșie, feliată subțire
- 1 ardei gras rosu, feliat
- 2 roșii, feliate
- 2 catei de usturoi, tocati
- 1/4 cană pastă de aji amarillo (pastă de chili galben peruan)
- 2 linguri sos de soia
- 2 linguri otet de vin rosu
- Sare si piper dupa gust

INSTRUCȚIUNI:
a) Încinge ulei vegetal într-o tigaie mare sau wok la foc mare.
b) Adăugați bucățile de cobai și prăjiți până se rumenesc și sunt fierte. Scoateți din tigaie și lăsați deoparte.
c) În aceeași tigaie, adăugați ceapa roșie feliată, ardeiul gras roșu și usturoiul tocat. Se prăjesc până când legumele sunt fragede.
d) Întoarceți bucățile de cobai în tigaie și adăugați roșii feliate, pasta de aji amarillo, sos de soia și oțet de vin roșu. Gatiti cateva minute.
e) Se condimenteaza cu sare si piper dupa gust.
f) Serviți Cuy Saltado cu orez alb aburit.

65. Cuy en Salsa de Mani (Cobai în sos de arahide)

INGREDIENTE:
- 2 cobai imbracati si curatati, taiati bucatele
- 1/2 cană pastă de aji panca (pastă de chili roşu peruan)
- 1/2 cană ulei vegetal
- 2 cepe, tocate mărunt
- 4 catei de usturoi, tocati
- 1 cană alune prăjite, măcinate
- 2 cesti supa de pui
- 1/4 cană lapte evaporat
- Sare si piper dupa gust

INSTRUCȚIUNI:
a) Într-un castron, combinați pasta de aji panca, uleiul vegetal, ceapa tocată mărunt, usturoiul tocat și alunele prăjite măcinate pentru a crea o marinadă pentru cobai.
b) Frecați bucățile de cobai cu marinada, asigurându-vă că sunt bine acoperite. Lăsați-le la marinat cel puțin 2 ore.
c) Încinge o oală mare la foc mediu. Adăugați bucățile de cobai marinate și gătiți până se rumenesc pe toate părțile.
d) Se toarnă supa de pui și laptele evaporat. Se fierbe până când cobaii sunt gătiți, iar sosul se îngroașă.
e) Se condimenteaza cu sare si piper dupa gust.
f) Serviți Cuy en Salsa de Mani cu orez alb aburit.

PESTE SI FRUCTE DE MARE

66.Trucha a la Plancha/Pastrav la gratar

INGREDIENTE:
- 4 file de păstrăv, pe piele
- 2 linguri. de ulei vegetal
- Suc de 1 lămâie
- Sare si piper dupa gust
- Ierburi proaspete (cum ar fi patrunjel sau coriandru), tocate (optional)
- Roți de lămâie pentru servire

INSTRUCȚIUNI:
a) Preîncălziți un grătar sau încălziți o tigaie mare la foc mediu-mare.
b) Clătiți fileurile de păstrăv sub apă rece și uscați-le cu prosoape de hârtie.
c) Ungeți ambele părți ale fileurilor de păstrăv cu ulei vegetal, asigurându-vă că sunt acoperite uniform.
d) Asezonați fileurile cu sare, piper și un strop de suc de lămâie pe ambele părți.
e) Puneți fileurile de păstrăv, cu pielea în jos, pe grătar sau tigaie.
f) Gatiti aproximativ 3-4 minute pe fiecare parte sau pana cand pestele este opac si se fulge usor cu o furculita. Pielea trebuie să fie crocantă și aurie.
g) Scoateți fileurile de păstrăv de pe foc și transferați-le pe un platou de servire.
h) Presărați ierburile proaspete (dacă le folosiți) peste file pentru un plus de aromă și decor.
i) Servește Trucha a la Plancha/Păstrăv la grătar fierbinte, însoțită de felii de lămâie pentru a le stoarce peste pește.
j) Îl poți servi cu o garnitură de legume la abur, orez sau salată pentru a completa masa.

67. Parihuela/Supă de fructe de mare

INGREDIENTE:
- 1,1 kilograme de fructe de mare amestecate (creveți, calamar, midii, caracatiță etc.)
- 1,1 kilograme de file de pește alb (cum ar fi limbă, snapper sau cod)
- 1 ceapa, tocata marunt
- 4 catei de usturoi, tocati
- 2 rosii, curatate si tocate
- 2 linguri. din pasta de tomate
- 2 linguri. de ulei vegetal
- 1 lingura. de pastă de aji amarillo (pastă de chili galben peruan) (opțional)
- 4 căni de bulion de pește sau fructe de mare
- 1 cană de vin alb
- 1 cană de apă
- 1 lingura de chimen măcinat
- 1 lingura de oregano uscat
- 1/4 cană de coriandru tocat
- Sare si piper dupa gust

INSTRUCȚIUNI:
a) Încinge uleiul vegetal într-o oală mare sau cuptor olandez la foc mediu.
b) Adaugati ceapa tocata si usturoiul tocat in oala si caliti pana devin translucide.
c) Se amestecă roșiile tocate și pasta de roșii.
d) Gatiti cateva minute pana rosiile se inmoaie.
e) Daca folosesti pasta de aji amarillo, adauga-o in oala si amesteca bine cu celelalte ingrediente.
f) Se toarnă vinul alb și se lasă să fiarbă câteva minute pentru a reduce alcoolul.
g) Adăugați bulionul de pește sau fructe de mare și apă în oală. Se aduce la fierbere.
h) Tăiați fileurile de pește în bucăți mici și adăugați-le în oală.
i) Reduceți focul la mic și lăsați supa să fiarbă aproximativ 10 minute sau până când peștele este gătit.
j) Adăugați amestecul de fructe de mare (creveți, calamar, midii, caracatiță etc.) în oală și gătiți încă 5 minute sau până când fructele de mare sunt fierte și fragede.
k) Asezonați Supa de Parihuela/Fructe de Mare cu chimen măcinat, oregano uscat, sare și piper. Reglați condimentele după gustul dvs.
l) Presărați coriandru tocat peste supă și amestecați ușor.
m) Luați oala de pe foc și lăsați-o să se odihnească câteva minute înainte de servire.
n) Servește Parihuela/Supa de fructe de mare fierbinte în boluri cu supă, însoțită de pâine crosta sau orez fiert.

68. Peşte crud marinat cu lămâie (Cebiche)

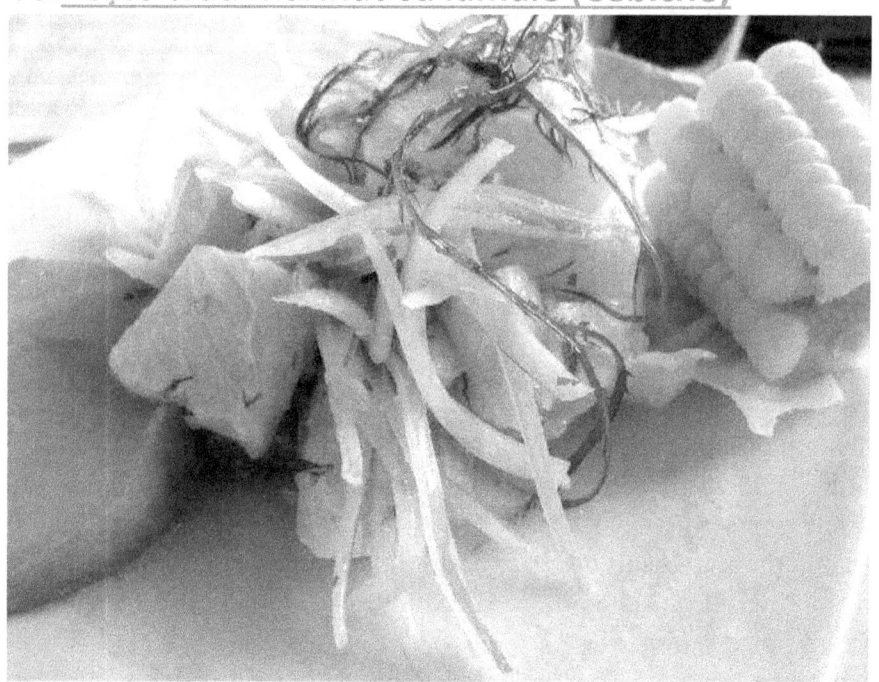

INGREDIENTE:
- 1 ½ lbs. biban de mare, halibut, lipa, snapper sau alți pești fermi
- 1 ceapa rosie, taiata in felii fine
- ½ aji amarillo ardei iute, tocat foarte fin
- Sare
- 1 catel de usturoi, tocat foarte fin Suc de 12 lime
- 2 linguri. frunze de coriandru, feliate
- 1 cartof dulce mare, fiert, decojit și feliat gros
- 12 spice de porumb, feliate de aproximativ 12" grosime, fierte
- Frunze de salata verde

INSTRUCȚIUNI:
a) Combinați peștele și ceapa și spălați-le împreună. Scurgeți bine.
b) Puneți peștele în bolul de servire pe care doriți să îl utilizați. Se condimentează peștele cu sare, ardei iute și usturoi.
c) Adăugați sucul de lămâie și câteva cuburi de gheață sau câteva linguri de apă cu gheață.
d) Lăsați să se odihnească 5 minute, dar nu mai mult de 45 de minute. Aruncați gheața.
e) Se presară cu frunze de coriandru. Se serveste imediat cu salata verde, porumb si cartofi dulci.

69.Causa Rellena de Atún (Cauza umplută cu ton)

INGREDIENTE:
PENTRU CAUZĂ:
- 4 cartofi galbeni mari
- 2 linguri ulei vegetal
- 1/4 cană suc de lămâie
- 1 lingurita pasta de aji amarillo
- Sare si piper dupa gust

PENTRU UMPTURA DE TON:
- 1 conserva de ton, scurs
- 1/4 cană maioneză
- 1/4 cana ceapa rosie tocata marunt
- 2 oua fierte tari, tocate
- Masline negre pentru garnitura
- Frunze de salata verde (optional)

INSTRUCȚIUNI:
a) Fierbeți cartofii până când sunt moi și pot fi ușor piureați.
b) Curățați și piureați cartofii cât sunt încă caldi. Adăugați suc de lămâie, ulei vegetal, pasta de aji amarillo, sare și piper. Se amestecă bine pentru a forma un aluat neted de cartofi.
c) Împărțiți aluatul de cartofi în două părți egale.
d) Aplatizați o porție într-un vas de servire, creând un strat de bază.
e) Într-un castron separat, amestecați tonul scurs, maioneza, ceapa roșie tocată și ouăle fierte.
f) Întindeți amestecul de ton peste stratul de bază de cartofi.
g) Acoperiți cu a doua porție de aluat de cartofi.
h) Se ornează cu măsline negre.
i) Se serveste racit, optional pe un pat de frunze de salata verde.

70.Chupe de Camarones/Crowmp Chowder

INGREDIENTE:
- 1 kilogram de creveți, decojiți și devenați
- 1 lingura. ulei de masline
- 1 ceapa, tocata marunt
- 3 catei de usturoi, tocati
- 1 lingura chimen măcinat
- 1 lingura oregano uscat
- 2 linguri. pastă de ají amarillo (sau înlocuirea cu pastă de chili galben)
- 2 cani de peste sau bulion de legume
- 1 cană lapte evaporat
- 1 cană boabe de porumb congelate
- 1 cană de cartofi tăiați cubulețe
- 1 cană morcovi tăiați cubulețe
- 1 cană de dovlecel tăiat cubulețe
- 1/2 cană de mazăre
- 1/2 cană ardei gras roșu tăiat cubulețe
- 1/2 cană ardei gras verde tăiat cubulețe
- 1/4 cană coriandru proaspăt tocat
- Sare si piper, dupa gust
- 2 ouă, bătute
- Branza proaspata, maruntita, pentru garnitura
- Coriandru proaspăt, tocat, pentru ornat

INSTRUCȚIUNI:
a) Într-o oală mare, încălziți uleiul de măsline la foc mediu.
b) Adăugați ceapa tocată și usturoiul tocat. Se caleste pana ce ceapa devine translucida si usturoiul este parfumat.
c) Adăugați în oală chimenul măcinat, oregano uscat și pasta de ají amarillo. Se amestecă bine pentru a se combina și se fierbe încă un minut pentru a elibera aromele.
d) Adăugați bulionul de pește sau de legume și aduceți-l la fiert. Reduceți focul la mic și fierbeți timp de aproximativ 10 minute pentru a permite aromelor să se îmbine.
e) Adăugați în oală laptele evaporat, boabele de porumb congelate, cartofii tăiați cubulețe, morcovii, dovleceii, mazărea, ardeiul gras roșu, ardeiul gras verde și coriandru tocat. Se amestecă bine și se condimentează cu sare și piper după gust.
f) Se fierbe amestecul timp de aproximativ 15 minute, sau până când legumele sunt fragede.
g) Între timp, într-o tigaie separată, căliți creveții în puțin ulei de măsline până devin roz și sunt copți. Pus deoparte.
h) Odată ce legumele sunt fragede, turnați încet ouăle bătute în oală în timp ce amestecați continuu. Acest lucru va crea panglici de ou fiert pe tot parcursul supei.
i) Adăugați creveții fierți în oală și amestecați ușor pentru a se combina. Lăsați supa să fiarbă încă 5 minute pentru a permite aromelor să se topească.
j) Servește Chupe de Camarones/Creveți fierbinte, ornat cu brânză proaspătă mărunțită și coriandru proaspăt tocat.

71. Chupe de Pescado/Fish Chowder

INGREDIENTE:
- 1 kilogram de file de pește alb (cum ar fi snapper, cod sau tilapia), tăiate în bucăți mici
- 1 ceapa, tocata marunt
- 3 catei de usturoi, tocati
- 2 linguri. de ulei vegetal
- 2 linguri. de pastă de ají amarillo (pastă de chili galben peruan) sau înlocuiți cu piure de ardei gras galben
- 2 căni de bulion de pește sau fructe de mare
- 2 căni de apă
- 2 cartofi medii, curatati de coaja si taiati cubulete
- 1 cană de boabe de porumb congelate
- 1 cană de lapte evaporat
- 1 cană de mazăre proaspătă sau congelată
- 1 cană de brânză mărunțită (cum ar fi mozzarella sau cheddar)
- 2 linguri. de coriandru proaspăt tocat
- Sare si piper dupa gust
- Bucuri de lime pentru servire

INSTRUCȚIUNI:
a) Într-o oală mare, încălziți uleiul vegetal la foc mediu.
b) Adăugați ceapa tocată și usturoiul tocat și căleți până când ceapa devine translucidă și usturoiul este parfumat.
c) Adăugați pasta de ají amarillo sau piureul de ardei gras galben și gătiți timp de un minut pentru a încorpora aromele.
d) Adăugați bulionul de pește sau fructe de mare și apă în oală și aduceți amestecul la fierbere.
e) Adăugați cartofii tăiați cubulețe în oală, reduceți focul la mediu-mic și lăsați să fiarbă aproximativ 10 minute sau până când cartofii sunt parțial copți.
f) Se amestecă fileurile de pește și boabele de porumb congelate. Fierbeți încă 5-7 minute până când peștele este fiert și porumbul este fraged.
g) Se toarnă laptele evaporat și se adaugă mazărea. Se amestecă bine pentru a se combina.
h) Asezonați Chupe de Pescado/Fish Chowder cu sare și piper, după gust. Ajustați condimentele după cum este necesar.
i) Presărați brânza mărunțită deasupra supei. Acoperiți oala și lăsați-o să fiarbă încă 5 minute sau până când brânza se topește și aromele se îmbină bine.
j) Se ia oala de pe foc si se presara peste supa coriandru tocat.
k) Servește Chupe de Pescado/Fish Chowder fierbinte cu felii de lime în lateral pentru a le stoarce peste supă.
l) Te poți bucura de Chupe de Pescado/Fish Chowder pe cont propriu sau o poți servi cu pâine sau orez.

72.Arroz con Mariscos/Orez cu fructe de mare

INGREDIENTE:
- 2 căni de orez alb cu bob lung
- 1 kilogram amestec de fructe de mare (cum ar fi creveți, calamari, scoici și scoici), curățate și devenate
- 2 linguri. ulei vegetal
- 1 ceapa, tocata marunt
- 4 catei de usturoi, tocati
- 1 ardei gras rosu, taiat cubulete
- 1 cana rosii taiate cubulete (proaspete sau conservate)
- 1 lingura. pasta de tomate
- 1 cană bulion de pește sau fructe de mare
- 1 cana de vin alb (optional)
- 1 lingura chimen măcinat
- 1 lingura paprika
- 1/2 linguriță. oregano uscat
- 1/4 lingurita. ardei cayenne (opțional, pentru căldură)
- 1/4 cană coriandru proaspăt tocat
- 1/4 cană pătrunjel proaspăt tocat
- Suc de 1 lime
- Sarat la gust
- Piper, după gust

INSTRUCȚIUNI:
a) Clătiți orezul sub apă rece până când apa devine limpede.
b) Gatiti orezul conform instructiunilor de pe ambalaj si puneti-l deoparte.
c) Într-o tigaie mare sau într-o tigaie pentru paella, încălziți uleiul vegetal la foc mediu.
d) Adăugați ceapa tocată, usturoiul tocat și ardeiul gras roșu tăiat cubulețe.
e) Se calesc pana cand legumele se inmoaie si sunt parfumate.
f) Adăugați fructele de mare amestecate în tigaie și gătiți până când sunt parțial fierte, aproximativ 3-4 minute.
g) Scoateți câteva bucăți de fructe de mare și lăsați-le deoparte pentru ornat mai târziu, dacă doriți.
h) Se amestecă roșiile tăiate cubulețe, pasta de roșii, bulion de pește sau fructe de mare și vin alb (dacă se folosește).
i) Aduceți amestecul la fiert și gătiți timp de aproximativ 5 minute pentru a permite aromelor să se îmbine.
j) Adăugați chimenul măcinat, boia de ardei, oregano uscat și ardeiul cayenne (dacă este folosit). Se amestecă pentru a combina.
k) Încorporați orezul fiert și amestecați-l ușor cu fructele de mare și sosul până se combină bine.
l) Gatiti inca 5 minute pentru a permite aromelor sa se amestece.
m) Scoateți tigaia de pe foc și adăugați coriandru tocat, pătrunjelul tocat și sucul de lămâie.
n) Se condimenteaza cu sare si piper dupa gust.
o) Ornați Arroz con Mariscos/Orez cu fructe de mare cu fructele de mare gătite rezervate și ierburi proaspete suplimentare, dacă doriți.
p) Servește Arroz con Mariscos/Orez cu fructe de mare fierbinte, însoțit de o bucată de felii de lime și o stropire de coriandru sau pătrunjel proaspăt.

73. Escabeche de Pescado/Pește murat

INGREDIENTE:
- 1 ½ kilograme de file de pește alb (cum ar fi snapper, tilapia sau cod)
- ½ cană făină universală
- Sare si piper dupa gust
- Ulei vegetal pentru prajit
- 1 ceapă roșie, feliată subțire
- 2 morcovi, tăiați în juliană
- 1 ardei gras rosu, feliat subtire
- 4 catei de usturoi, tocati
- 1 cană de oțet alb
- 1 cană de apă
- 2 foi de dafin
- 1 lingura de oregano uscat
- 1 lingura de chimen măcinat
- ½ linguriță. de boia
- Sare si piper dupa gust
- Coriandru proaspăt sau pătrunjel pentru ornat

INSTRUCȚIUNI:
a) Se condimentează fileurile de pește cu sare și piper. Trage-le în făină, scuturând orice exces.
b) Încinge ulei vegetal într-o tigaie mare la foc mediu-mare. Prăjiți fileurile de pește până se rumenesc pe ambele părți. Scoateți din tigaie și puneți deoparte pe o farfurie tapetată cu un prosop de hârtie pentru a scurge excesul de ulei.
c) În aceeași tigaie, căliți ceapa roșie feliată, morcovii tăiați julien, ardeiul gras roșu feliat și usturoiul tocat până când încep să se înmoaie, aproximativ 5 minute.
d) Într-o cratiță separată, combinați oțetul alb, apa, foile de dafin, oregano uscat, chimen măcinat, boia de ardei, sare și piper. Aduceți amestecul la fierbere.
e) Adăugați legumele sotate la amestecul de oțet care fierbe. Reduceți focul și fierbeți timp de aproximativ 10 minute pentru a permite aromelor să se îmbine.
f) Aranjați fileurile de pește prăjit într-un vas puțin adânc. Peste peste se toarna otetul si amestecul de legume, acoperindu-le complet. Lăsați vasul să se răcească la temperatura camerei.
g) Acoperiți vasul și lăsați-l la frigider pentru cel puțin 2 ore sau peste noapte pentru a permite peștelui să absoarbă aromele.
h) Servește Escabeche de Pescado/Pește murat rece, ornat cu coriandru proaspăt sau pătrunjel.
i) Puteți savura peștele și legumele cu marinada ca garnitură sau o puteți servi cu orez sau pâine.

CHOWDERS

74. Chupe de Ollucos/Caudă de cartofi Olluco

INGREDIENTE:
- 2 linguri. ulei vegetal
- 1 ceapa, tocata marunt
- 2 catei de usturoi, tocati
- 1 lingura chimen măcinat
- 1 lingura oregano uscat
- 4 cesti supa de legume sau pui
- 4 ollucos medii, decojite și tăiate cubulețe
- 2 cartofi medii, curatati de coaja si taiati cubulete
- 1 cană lapte evaporat
- 1 cană queso fresco sau brânză feta, mărunțită
- Sare si piper dupa gust
- Coriandru proaspăt, tocat (pentru garnitură)

INSTRUCȚIUNI:
a) Într-o oală mare, încălziți uleiul vegetal la foc mediu.
b) Adăugați ceapa tocată și usturoiul tocat și căleți până când ceapa este moale și translucidă.
c) Se amestecă chimenul măcinat și oregano uscat și se gătesc încă un minut pentru a prăji condimentele.
d) Adăugați bulionul de legume sau de pui în oală și aduceți-l la fiert.
e) Adăugați ollucos tăiați cubulețe și cartofii în oală. Reduceți focul la fiert și fierbeți până când legumele sunt fragede, aproximativ 15-20 de minute.
f) Folosind un mașină de zdrobire de cartofi sau dosul unei linguri, zdrobiți ușor câțiva cartofi pe marginea oalei pentru a îngroșa supa.
g) Se amestecă laptele evaporat și brânză queso fresca sau feta mărunțită. Continuați să fierbeți încă 5 minute, amestecând din când în când, până când brânza s-a topit și supa s-a îngroșat puțin.
h) Se condimenteaza cu sare si piper dupa gust.
i) Luați oala de pe foc și lăsați-o să se răcească puțin înainte de servire.
j) Puneți Chupe de Ollucos/Caudra de cartofi Olluco în boluri și garniți cu coriandru proaspăt.
k) Serviți supa fierbinte și bucurați-vă de aromele reconfortante ale Chupe de Ollucos/Caudra de cartofi Olluco.

75. Chupe de Camote/Caudă de cartofi dulci

INGREDIENTE:
- 2 linguri. ulei vegetal
- 1 ceapa, tocata marunt
- 2 catei de usturoi, tocati
- 2 lingurite. chimen măcinat
- 1 lingura oregano uscat
- 4 cesti supa de legume sau pui
- 2 cartofi dulci mari, decojiti si taiati cubulete
- 1 cana boabe de porumb (proaspete sau congelate)
- 1 cană lapte evaporat
- 1 cană queso fresco sau brânză feta, mărunțită
- Sare si piper dupa gust
- Coriandru proaspăt, tocat (pentru garnitură)

INSTRUCȚIUNI:
a) Încinge uleiul vegetal într-o oală mare la foc mediu.
b) Adăugați ceapa tocată și usturoiul tocat și căleți până când ceapa este moale și translucidă.
c) Se amestecă chimenul măcinat și oregano uscat și se gătesc încă un minut pentru a prăji condimentele.
d) Adăugați bulionul de legume sau de pui în oală și aduceți-l la fiert.
e) Adăugați în oală cartofii dulci tăiați cubulețe și boabele de porumb. Reduceți focul la fiert și fierbeți până când cartofii dulci sunt fragezi, aproximativ 15-20 de minute.
f) Folosind un mașină de zdrobire de cartofi sau spatele unei linguri, zdrobiți ușor câțiva cartofi dulci pe marginea oalei pentru a îngroșa supa.
g) Se amestecă laptele evaporat și brânză queso fresca sau feta mărunțită. Continuați să fierbeți încă 5 minute, amestecând din când în când, până când brânza s-a topit și supa s-a îngroșat puțin.
h) Se condimenteaza cu sare si piper dupa gust.
i) Luați oala de pe foc și lăsați-o să se răcească puțin înainte de servire.
j) Puneți Chupe de Camote/Caudra de cartofi dulci în boluri și decorați cu coriandru proaspăt.
k) Serviți supa fierbinte și bucurați-vă de aromele reconfortante ale Chupe de Camote/Caudra de cartofi dulci.

76. Supă de pui și coriandru (Aguadito de Pollo)

INGREDIENTE:
- 4 pulpe de pui sau o cantitate echivalentă de pui crud tăiat cubulețe Sare și piper
- ¼ cană ulei vegetal
- ½ cană ceapă, tocată mărunt
- 2 catei de usturoi, pasati
- 2 aji amarillo proaspăt, tocat, sau 3 linguri de pastă (vezi nota) 2 căni frunze de coriandru (aruncați tulpinile)
- 4 căni de supă de pui
- 1 cana de bere neagra (optional)
- ½ ardei gras rosu taiat felii
- 1 cană morcov, tăiat cubulețe
- ½ cană de orez cu bob lung
- 4 cartofi galbeni medii, curățați și tăiați cubulețe ½ cană de mazăre verde

INSTRUCȚIUNI:
a) Asezonați puiul cu sare și piper. Se încălzește uleiul vegetal într-o cratiță la foc mediu, se adaugă bucățile de pui și se prăjesc. Transferați bucățile de pui pe o farfurie și păstrați-le la cald. În aceeași cratiță căliți ceapa și usturoiul până devin aurii.
b) Procesați frunzele de coriandru și aji amarillo proaspăt cu ¼ de cană de apă într-un blender până la omogenizare; adăugați la amestecul de ceapă, împreună cu supa de pui, berea, dacă folosiți, pui, cartofi și morcovi. Aduceți la fiert, dați focul la mic, acoperiți cu un capac și fierbeți timp de 20 de minute.
c) Adăugați orezul, acoperiți oala și fierbeți până când orezul este gata. Adăugați mazărea pentru ultimele minute de gătire.
d) Se ornează cu așchii de ardei gras roșu.

77.Chupe de Lentejas/Caudra de linte

INGREDIENTE:
- 2 căni de linte maro sau verde uscată
- 1 ceapa, tocata marunt
- 3 catei de usturoi, tocati
- 1 morcov, tăiat cubulețe
- 1 cartof, taiat cubulete
- 1 cană de boabe de porumb congelate
- 1 cana de rosii taiate cubulete (proaspete sau conservate)
- 4 căni de bulion de legume sau apă
- 1 cană de lapte sau lapte evaporat
- 1 lingura de chimen măcinat
- 1 lingura de oregano uscat
- 1 frunză de dafin
- Sare si piper dupa gust
- Pătrunjel proaspăt tocat sau coriandru pentru ornat
- Bucuri de lime pentru servire

INSTRUCȚIUNI:
a) Clătiți lintea sub apă rece și îndepărtați orice resturi sau pietre.
b) Într-o oală mare, încălziți puțin ulei vegetal la foc mediu.
c) Adăugați ceapa tocată și usturoiul tocat în oală și căleți până când ceapa devine translucidă și usturoiul este parfumat.
d) Adăugați morcovul tăiat cubulețe, cartofii și boabele de porumb congelate în oală.
e) Gatiti cateva minute pentru a inmuia legumele.
f) Se amestecă roșiile tăiate cubulețe, chimenul măcinat, oregano uscat și frunza de dafin.
g) Gatiti inca un minut pentru a combina aromele.
h) Adăugați lintea clătită în oală și turnați bulionul de legume sau apă.
i) Se condimenteaza cu sare si piper dupa gust.
j) Aduceți amestecul la fierbere, apoi reduceți focul la mic și lăsați-l să fiarbă aproximativ 30-40 de minute sau până când lintea este fragedă și gătită. Se amestecă din când în când.
k) Odată ce lintea este fiartă, se amestecă laptele sau laptele evaporat.
l) Ajustați consistența adăugând mai mult lichid dacă doriți.
m) Fierbeți Chupe de Lentejas/Caudra de linte pentru încă 5-10 minute pentru a se încălzi și a lăsa aromele să se topească.
n) Scoateți oala de pe foc și aruncați frunza de dafin.
o) Serviți Chupe de Lentejas fierbinte, ornat cu pătrunjel proaspăt tocat sau coriandru.
p) Serviți cu felii de lime în lateral pentru a le stoarce peste tocană.

78. Chupe de Quinua/Quinoa Chowder

INGREDIENTE:
- 1 cană quinoa, clătită
- 2 linguri. ulei vegetal
- 1 ceapa, tocata
- 2 catei de usturoi, tocati
- 1 morcov, tăiat cubulețe
- 1 cartof, taiat cubulete
- 1 cană boabe de porumb
- 1 cană mazăre verde
- 4 cesti supa de legume sau pui
- 1 cană lapte evaporat
- 1 lingura chimen măcinat
- 1 lingura oregano uscat
- Sare si piper dupa gust
- Coriandru proaspăt, tocat (pentru garnitură)

INSTRUCȚIUNI:
a) Într-o oală mare, încălziți uleiul vegetal la foc mediu.
b) Adăugați ceapa tocată și usturoiul tocat și căleți până când ceapa devine translucidă.
c) Adăugați în oală morcovul tăiat cubulețe, cartofii, boabele de porumb și mazărea verde. Se amestecă și se fierbe câteva minute până când legumele încep să se înmoaie.
d) Clătiți bine quinoa sub apă rece.
e) Adăugați quinoa în oală și amestecați pentru a se combina cu legumele.
f) Se toarnă bulionul de legume sau de pui și se aduce amestecul la fierbere. Reduceți focul la mic, acoperiți oala și fierbeți timp de aproximativ 15-20 de minute, sau până când quinoa și legumele sunt fragede.
g) Se amestecă laptele evaporat, chimenul măcinat și oregano uscat.
h) Se condimenteaza cu sare si piper dupa gust.
i) Fierbeți încă 5 minute pentru a permite aromelor să se îmbine. Se ia de pe foc si se lasa sa se odihneasca cateva minute apoi se serveste.

79. Chupe de Pallares Verdes/Caudra de fasole verde

INGREDIENTE:
- 2 cani de fasole verde (pallares verdes), inmuiata peste noapte si scursa
- 2 linguri. ulei vegetal
- 1 ceapa, tocata marunt
- 2 catei de usturoi, tocati
- 1 lingura chimen măcinat
- 1 lingura oregano uscat
- 4 cesti supa de legume sau pui
- 2 cartofi medii, curatati de coaja si taiati cubulete
- 1 cană lapte evaporat
- 1 cană queso fresco sau brânză feta, mărunțită
- Sare si piper dupa gust
- Pătrunjel proaspăt, tocat (pentru garnitură)

INSTRUCȚIUNI:
a) Într-o oala mare, adauga fasolea verde lima inmuiata si scursa. Acoperiți-le cu apă și aduceți la fiert. Reduceți focul și fierbeți până când fasolea este fragedă, aproximativ 30-40 de minute. Scurgeți și puneți deoparte.
b) În aceeași oală, încălziți uleiul vegetal la foc mediu.
c) Adăugați ceapa tocată și usturoiul tocat și căleți până când ceapa este moale și translucidă.
d) Se amestecă chimenul măcinat și oregano uscat și se gătesc încă un minut pentru a prăji condimentele.
e) Adăugați bulionul de legume sau de pui în oală și aduceți-l la fiert.
f) Adăugați în oală cartofii tăiați cubulețe și fasolea de lima verde fiartă. Reduceți focul la fiert și fierbeți până când cartofii sunt fragezi, aproximativ 15-20 de minute.
g) Folosind un mașină de zdrobire de cartofi sau dosul unei linguri, zdrobiți ușor câțiva cartofi și fasole pe marginea oalei pentru a îngroșa supa.
h) Se amestecă laptele evaporat și brânză queso fresca sau feta mărunțită. Continuați să fierbeți încă 5 minute, amestecând din când în când, până când brânza s-a topit și supa s-a îngroșat puțin.
i) Se condimenteaza cu sare si piper dupa gust.
j) Luați oala de pe foc și lăsați-o să se răcească puțin înainte de servire.
k) Puneți Chupe de Pallares Verdes/Caudra de fasole verde în boluri și garniți cu pătrunjel proaspăt.
l) Serviți supa fierbinte și bucurați-vă de aromele reconfortante ale Chupe de Pallares Verdes/Caudra de fasole verde.

80. Chupe de Papa/Caudra de cartofi

INGREDIENTE:
- 6 cartofi de marime medie, curatati si taiati cubulete
- 1 ceapa, tocata marunt
- 2 catei de usturoi, tocati
- 2 linguri. ulei vegetal
- 4 cesti supa de pui sau legume
- 1 cană lapte
- 1 cană lapte evaporat
- 1 cană boabe de porumb congelate sau proaspete
- 1 cană mazăre congelată sau proaspătă
- 1 cană queso fresco sau brânză feta, mărunțită
- 2 oua
- 2 linguri. coriandru proaspăt, tocat
- Sare si piper dupa gust

INSTRUCȚIUNI:
a) Într-o oală mare, încălziți uleiul vegetal la foc mediu.
b) Adăugați ceapa tocată și usturoiul tocat și căleți până devin moi și parfumate.
c) Adăugați cartofii tăiați cubulețe în oală și amestecați pentru ai acoperi cu amestecul de ceapă și usturoi.
d) Se toarnă bulionul de pui sau de legume și se aduce amestecul la fierbere. Reduceți focul la mic, acoperiți oala și lăsați-o să fiarbă aproximativ 15-20 de minute sau până când cartofii sunt fragezi.
e) Folosind o furculiță sau un zdrobitor de cartofi, zdrobiți ușor câțiva cartofi din oală pentru a îngroșa supa. Acest lucru va oferi Chupe de Papa/Toură de cartofi o consistență cremoasă.
f) Adăugați în oală laptele, laptele evaporat, boabele de porumb și mazărea. Se amestecă bine pentru a combina toate ingredientele.
g) Continuați să gătiți supa la foc mic pentru încă 10-15 minute, permițând aromelor să se amestece.
h) Într-un castron separat, bate ouăle. Adăugați treptat un plin de supă fierbinte în ouăle bătute, amestecând încontinuu pentru a tempera ouăle și a împiedica închegarea lor.
i) Turnați încet amestecul de ouă înapoi în oală, amestecând continuu. Acest lucru va ajuta la îngroșarea supei și îi va da o textură cremoasă.
j) Adăugați în oală căso fresco mărunțit sau brânza feta și amestecați până se topește în supă.
k) Asezonați Chupe de Papa/Caudra de cartofi cu sare și piper, după gust. Reglați condimentele după preferințe.
l) La final, presară coriandru proaspăt peste supă și amestecă-o ușor.
m) Servește Chupe de Papa/Caudra de cartofi fierbinte în boluri, ornata cu coriandru suplimentar, dacă se dorește.

DESERT

81. Humitas/Prăjituri de porumb la abur

INGREDIENTE:
- 6 spice proaspete de porumb
- 1 ceapa, tocata marunt
- 2 linguri. ulei vegetal
- 1 lingura. pastă de ají amarillo (opțional, pentru un picant)
- 1 lingura chimen măcinat
- 1 lingura paprika
- Sare si piper dupa gust
- Coji de porumb, înmuiate în apă cel puțin 1 oră

INSTRUCȚIUNI:
a) Începeți prin a scoate cojile din spicele de porumb și a le pune deoparte. Cojiți cu grijă boabele de porumb de pe știuleți, asigurându-vă că colectați și tot laptele de porumb.
b) Într-un blender sau robot de bucătărie, amestecați boabele de porumb și laptele de porumb până obțineți un amestec omogen. Pus deoparte.
c) Intr-o tigaie se incinge uleiul vegetal la foc mediu.
d) Adăugați ceapa tocată și căleți până devine translucidă și parfumată.
e) Adăugați în tigaie pasta de ají amarillo (dacă se folosește), chimen măcinat, boia de ardei, sare și piper. Se amestecă bine pentru a se combina și se fierbe încă un minut.
f) Se toarnă amestecul de porumb amestecat în tigaie cu ceapa asezonată. Amestecați continuu pentru a preveni formarea de cocoloașe și gătiți aproximativ 10 minute până când amestecul se îngroașă.
g) Luați tigaia de pe foc și lăsați amestecul să se răcească puțin.
h) Luați o coajă de porumb înmuiată și puneți aproximativ 2 linguri. a amestecului de porumb din centru. Îndoiți coaja peste umplutură, creând un pachet dreptunghiular. Legați capetele cojii cu o fâșie subțire de coajă înmuiată sau sfoară de bucătărie pentru a fixa humita.
i) Repetați procesul cu amestecul de porumb și cojile rămase până când tot amestecul este folosit.
j) Umpleți o oală mare cu apă și aduceți-o la fiert. Puneți un coș de aburi sau o strecurătoare peste oală, asigurându-vă că nu atinge apa.
k) Aranjați Humitas/Prăjiturile de porumb la abur învelite în coșul de aburi, acoperiți oala cu un capac și gătiți la abur timp de aproximativ 45 de minute până la 1 oră sau până când Humitas/Prăjiturile de porumb aburite sunt tari și gătite.
l) Scoateți Humitas/Prăjiturile de porumb fierte la abur din cuptorul cu abur și lăsați-le să se răcească puțin înainte de a le desface și de a servi.

82. Arroz con Leche/Rice Pudding

INGREDIENTE:
- 1 cană de orez alb
- 4 cesti de lapte
- 1 cană de apă
- 1 baton de scortisoara
- 1 cană de zahăr (ajustați după gust)
- 1 lingura de extract de vanilie
- Zesta de 1 lămâie (opțional)
- Scorțișoară măcinată pentru ornat

INSTRUCȚIUNI:
a) Clătiți orezul sub apă rece pentru a îndepărta excesul de amidon.
b) Într-o oală mare, combinați orezul clătit, laptele, apa și batonul de scorțișoară.
c) Puneți oala la foc mediu-mare și aduceți amestecul la fierbere.
d) Reduceți focul la mic și fierbeți, amestecând din când în când pentru a nu se lipi, timp de aproximativ 20 de minute sau până când orezul este fiert și fraged.
e) Adăugați zahărul și amestecați până se dizolvă complet.
f) Continuați să gătiți budinca de orez la foc mic, amestecând des, pentru încă 10-15 minute sau până când amestecul se îngroașă până la o consistență cremoasă.
g) Luați oala de pe foc și adăugați extractul de vanilie și coaja de lămâie (dacă folosiți). Lasati Arroz con Leche/Rice Pudding la rece cateva minute.
h) Scoateți batonul de scorțișoară din oală.
i) Transferați Arroz con Leche/Rice Pudding în feluri de mâncare individuale sau într-un bol mare de servire.
j) Deasupra presara scortisoara macinata pentru decor.
k) Serviți Arroz con Leche/Rice Pudding cald sau rece. Se poate savura singur sau cu un strop de scortisoara in plus.

83. Mazamorra Morada/Budincă de porumb violet

INGREDIENTE:
- 2 cesti boabe de porumb violet (uscate)
- 8 căni de apă
- 1 baton de scortisoara
- 4 cuișoare
- 1 cană de ananas tăiat cubulețe
- 1 cană de măr tăiat cubulețe
- 1 cană peră tăiată cubulețe
- 1 cană gutui tăiate cubulețe (opțional)
- 1/2 cană prune uscate
- 1/2 cană caise uscate
- 1 cană zahăr
- 1/4 cană amidon de porumb
- Suc de 1 lime
- Scorțișoară măcinată pentru ornat

INSTRUCȚIUNI:
a) Într-o oală mare, combinați boabele de porumb violet, apa, batonul de scorțișoară și cuișoarele.
b) Aduceți amestecul la fierbere, apoi reduceți focul și fierbeți timp de aproximativ 45 de minute până la 1 oră.
c) Acest lucru va extrage aroma și culoarea porumbului violet.
d) Se strecoară lichidul într-o altă oală, aruncând boabele de porumb, batonul de scorțișoară și cuișoarele. Pune vasul la foc.
e) Adauga in oala ananasul taiat cubulete, marul, pera, gutuia (daca se foloseste), prunele uscate si caise uscate. Se fierbe timp de aproximativ 15 minute, sau până când fructele sunt fragede.
f) Într-un castron mic, amestecați zahărul și amidonul de porumb.
g) Adăugați acest amestec în oală și amestecați bine pentru a se combina.
h) Gatiti inca 5-10 minute, amestecand continuu, pana cand amestecul se ingroasa.
i) Scoateți oala de pe foc și amestecați cu sucul de lămâie.
j) Lăsați budinca de porumb Mazamorra Morada/purple porumb să se răcească la temperatura camerei, apoi dați la frigider pentru cel puțin 2 ore sau până când se răcește și se întărește.
k) Pentru a servi, puneți Mazamorra Morada/Budinca de porumb violet în boluri sau pahare individuale.
l) Deasupra presara scortisoara macinata pentru decor.
m) Bucurați-vă de budinca de porumb Mazamorra Morada/purple porumb răcită ca desert răcoritor și dulce.

84. Mazamorra de Quinua/Budinca de Quinoa

INGREDIENTE:

- 1 cană de quinoa
- 4 căni de apă
- 4 cesti de lapte
- 1 baton de scortisoara
- 1 lingura de extract de vanilie
- 1/2 cană de zahăr (ajustați după gust)
- 1/4 lingurita. de cuişoare măcinate
- 1/4 lingurita. de nucşoară măcinată
- Stafide şi/sau nuci tocate pentru ornat (opțional)

INSTRUCȚIUNI:

a) Clătiți bine quinoa sub apă rece pentru a elimina orice amărăciune.

b) Într-o oală mare, combinați quinoa şi apa. Se aduce la fierbere la foc mediu-mare, apoi se reduce focul la mic şi se lasă să fiarbă aproximativ 15 minute sau până când quinoa este fragedă. Scurgeți orice exces de apă.

c) Reveniți quinoa fiartă în oală şi adăugați laptele, batonul de scorțişoară, extractul de vanilie, zahărul, cuişoarele măcinate şi nucşoară măcinată.

d) Amestecați bine amestecul şi aduceți-l la fiert uşor la foc mediu.

e) Gatiti aproximativ 20-25 de minute, amestecand din cand in cand, pana cand amestecul se ingroasa la o consistenta asemanatoare budincii.

f) Scoateți oala de pe foc şi aruncați batonul de scorțişoară.

g) Lăsați budinca Mazamorra de Quinua/Quinoa să se răcească câteva minute înainte de servire.

h) Serveşte budinca Mazamorra de Quinua/Quinoa caldă sau rece în boluri sau căni de desert.

i) Ornați fiecare porție cu stafide şi/sau nuci tocate, dacă doriți.

85. Frejol Colado/Budincă de fasole

INGREDIENTE:
- 2 căni de fasole canar peruană gătită sau fasole pinto
- 1 ceapa, tocata
- 2 catei de usturoi, tocati
- 2 linguri. de ulei vegetal
- 1 lingura de chimen măcinat
- 1 lingura de oregano uscat
- 1 cană de bulion de pui sau de legume
- Sare si piper dupa gust
- Garnituri opționale: coriandru tocat, queso fresco mărunțit, ceapă roșie feliată sau coji de porc prăjite (chicharrones)

INSTRUCȚIUNI:
a) Într-o oală mare, încălziți uleiul vegetal la foc mediu.
b) Adăugați ceapa tocată și usturoiul tocat și căleți până când ceapa devine translucidă și usturoiul este parfumat.
c) Adăugați în oală chimenul măcinat și oregano uscat și gătiți timp de un minut pentru a prăji condimentele.
d) Adăugați fasolea fiartă în oală și amestecați pentru a se combina cu amestecul de ceapă și condimente.
e) Se toarnă bulionul de pui sau de legume și se condimentează cu sare și piper după gust.
f) Aduceți amestecul la fiert și lăsați-l să fiarbă aproximativ 10 minute pentru a permite aromelor să se îmbine.
g) Folosind un blender de imersie sau un blender obișnuit, pasați amestecul de fasole până când este omogen și cremos. Dacă utilizați un blender obișnuit, amestecați amestecul în loturi și aveți grijă la lichidul fierbinte.
h) Dacă consistența este prea groasă, puteți adăuga mai mult bulion sau apă pentru a obține grosimea dorită.
i) Puneți oala pe aragaz la foc mic și continuați să gătiți Frejol Colado/Budinca de fasole timp de încă 5 minute, amestecând din când în când.
j) Gustați și ajustați condimentele dacă este necesar.
k) Se ia de pe foc si se serveste Frejol Colado/Budinca de fasole fierbinte.
l) Ornați fiecare porție cu coriandru tocat, queso fresco mărunțit, ceapă roșie feliată sau coji de porc prăjite, dacă doriți.

86. Sandvişuri cu biscuiţi cu caramel (Alfajores)

INGREDIENTE:
- 1 cană amidon de porumb
- 1 ¼ cană de făină
- ¾ cană zahăr pudră ½ linguriță. praf de copt 1/8 linguriță. sare de mare
- 2 bețe de unt, tăiate cubulețe
- 1 13 oz. poate lapte condensat îndulcit sau dulce de leche cumpărat

INSTRUCȚIUNI:
PENTRU DULCE DE LECHE
a) Scoateți eticheta dintr-o cutie de lapte condensat îndulcit și puneți-o într-o oală adâncă. Așezați recipientul pe o parte și acoperiți-l cu apă cu două centimetri.
b) Aduceți la fierbere, acoperiți și continuați să fiarbă două până la trei ore. Perioada de timp mai lungă vă va oferi un caramel mai închis. Asigurați-vă că verificați din când în când pentru a vedea dacă conserva este încă acoperită cu apă, adăugați mai mult după cum este necesar.
c) Scoateți din oală și lăsați să se răcească. Acest lucru poate fi făcut din timp. Se va păstra la nesfârșit la frigider. Aduceți la temperatura camerei înainte de utilizare pentru a se răspândi între fursecuri.

PENTRU COOKIE
d) Preîncălziți cuptorul la 350 de grade.
e) Puneți toate ingredientele uscate împreună într-un robot de bucătărie și bateți de câteva ori pentru a se combina bine. Adăugați untul tăiat cubulețe și pulsați până începe să se unească într-o bilă. Nu amestecați în exces – ar trebui să arate plin – și veți presa restul aluatului împreună pe un blat.
f) Se aplatizează într-un disc, se înfășoară în plastic și se dă la frigider timp de 30 de minute pentru a se întări puțin.
g) Întindeți aluatul cu o grosime de aproximativ ¼ inch și tăiați-l cu o tăietură rotundă pentru prăjituri. Cutterul pe care l-am folosit avea o lățime de aproximativ 2", dar un pahar funcționează bine. Așezați rondele pe o foaie de copt tapetată cu pergament și coaceți timp de 1012 minute, doar până când partea de jos este ușor maronie și partea de sus este încă albă. Se răcește complet.
h) Asamblați sandvișurile cu prăjituri răspândind 12 lingurițe de dulce de leche pe o jumătate de prăjitură și acoperiți cu cealaltă.
i) Pudrați cu zahăr pudră și devorați!

87. Tort Tres Leches (Pastel de Tres Leches)

INGREDIENTE:
Pentru tort:
- 1 cană făină universală
- 1 1/2 linguriță praf de copt
- 1/4 lingurita sare
- 4 ouă mari
- 1 cană zahăr granulat
- 1/3 cană lapte integral
- 1 lingurita extract de vanilie

PENTRU AMESTECUL DE TREI LAPTE:
- 1 cutie (14 uncii) lapte condensat îndulcit
- 1 cutie (12 uncii) lapte evaporat
- 1 cană lapte integral

PENTRU TOPING:
- 2 căni de smântână groasă
- 2 linguri de zahar pudra
- Scorțișoară măcinată pentru ornat

INSTRUCȚIUNI:
a) Preîncălziți cuptorul la 350 ° F (175 ° C) și ungeți o tavă de copt de 9 x 13 inci.
b) Într-un bol, cerne împreună făina, praful de copt și sarea.
c) Într-un castron separat, bateți ouăle și zahărul împreună până devin ușor și pufos. Adăugați laptele și extractul de vanilie și amestecați bine.
d) Adăugați treptat ingredientele uscate în amestecul de ouă și amestecați până la omogenizare.
e) Turnați aluatul în vasul de copt pregătit și coaceți aproximativ 30 de minute, sau până când o scobitoare introdusă în centru iese curată.
f) În timp ce prăjitura este încă caldă, străpungeți-l peste tot cu o furculiță.
g) Într-un castron separat, amestecați cele trei lapte (lapte condensat îndulcit, lapte evaporat și lapte integral).
h) Se toarnă amestecul de trei lapte uniform peste prăjitura caldă. Lăsați-l la macerat și răcit la temperatura camerei.
i) Într-un alt bol, bate smântâna tare cu zahăr pudră până se formează vârfuri tari.
j) Întindeți frișca peste partea de sus a prăjiturii.
k) Răciți prăjitura Tres Leches la frigider pentru câteva ore înainte de servire.
l) Stropiți cu scorțișoară măcinată chiar înainte de servire.

88. Suspiro a la Limeña (Desert peruvian de caramel și bezea)

INGREDIENTE:
PENTRU CARAMEL:
- 1 cană zahăr granulat
- 1/4 cană apă

PENTRU BEZELE:
- 4 albusuri
- 1 cană zahăr granulat
- 1 lingurita extract de vanilie

PENTRU CARD:
- 1 cutie (14 uncii) lapte condensat îndulcit
- 4 gălbenușuri de ou
- 1 lingurita extract de vanilie

INSTRUCȚIUNI:
a) Într-o cratiță, amestecați zahărul și apa pentru caramel. Gatiti la foc mediu, amestecand din cand in cand, pana capata o culoare aurie de caramel. Turnați caramelul în fundul vaselor de servire sau într-un bol mare de sticlă.
b) Într-un castron, bate albușurile spumă până se formează vârfuri tari. Adăugați treptat zahărul și extractul de vanilie, continuând să bateți până devine lucios.
c) Într-un castron separat, amestecați laptele condensat îndulcit, gălbenușurile de ou și extractul de vanilie până se combină bine.
d) Îndoiți cu grijă amestecul de albușuri în amestecul de cremă.
e) Turnați amestecul de cremă peste caramelul din vasele de servire.
f) Dati la frigider cateva ore inainte de servire. Caramelul se va ridica până la vârf, creând un desert încântător în două straturi.

89. Mazamorra Morada / Budincă de porumb violet

INGREDIENTE:
- 2 căni de suc de porumb violet (concentrat de mazamorra morada)
- 1 cană boabe de porumb violet uscate
- 1 baton de scortisoara
- 4 cuişoare
- 1 cană zahăr
- 1/2 cană amidon de cartofi
- Bucăți de ananas şi prune uscate pentru decor

INSTRUCȚIUNI:

a) Într-o oală mare, combinați sucul de porumb violet, boabele de porumb violet uscate, batonul de scorțișoară şi cuişoarele. Se aduce la fierbere şi apoi se fierbe timp de aproximativ 20 de minute.

b) Într-un castron separat, amestecați amidonul de cartofi cu puțină apă pentru a crea o pastă.

c) Adăugați zahărul şi nămolul de amidon de cartofi în oală, amestecând constant. Continuați să gătiți până când amestecul se îngroașă.

d) Se ia de pe foc si se lasa sa se raceasca.

e) Se ornează cu bucăți de ananas şi prune uscate înainte de servire.

90. Picarones (Gogoși cu dovleac peruvian cu sirop)

INGREDIENTE:
PENTRU PICARONE:
- 2 căni de făină universală
- 1 cană de dovleac piure (fiert și piure)
- 1/4 cană piure de cartofi dulci
- 1 lingurita drojdie uscata activa
- 1 lingurita de seminte de anason
- 1/4 lingurita sare
- Ulei vegetal pentru prajit

PENTRU SIROP:
- 1 cană de zahăr brun închis
- 1/2 cană apă
- 2 batoane de scortisoara
- 2 cuișoare

INSTRUCȚIUNI:
a) Într-un castron, combinați făina, piureul de dovleac, piureul de cartofi dulci, drojdia uscată activă, semințele de anason și sarea. Se amestecă până se formează un aluat lipicios.
b) Acoperiți vasul și lăsați aluatul să crească aproximativ 1 oră, până își dublează volumul.
c) Într-o oală mare, încălziți ulei vegetal pentru prăjit.
d) Udați-vă mâinile și modelați porțiuni mici din aluat în inele sau forme de opt.
e) Puneți picaronele cu grijă în uleiul încins și prăjiți până devin aurii pe ambele părți.
f) Într-o cratiță separată, combina zahărul brun închis, apa, batoanele de scorțișoară și cuișoarele. Se fierbe la foc mic pentru a crea un sirop.
g) Înmuiați picaronele prăjite în sirop și serviți-le calde.

91. Alfajores de Maicena (Alfajores de amidon de porumb peruvian)

INGREDIENTE:
Pentru cookie-uri:
- 2 căni de amidon de porumb
- 1 1/4 cani de faina universala
- 1/2 cană unt nesărat, înmuiat
- 1/2 cană zahăr pudră
- 3 galbenusuri de ou
- 1 lingurita praf de copt
- 1/2 lingurita extract de vanilie
- Zest de 1 lămâie

Pentru umplutura:
- 1 cană dulce de leche (lapte caramelizat)
- Zahăr pudră pentru pudrat

INSTRUCȚIUNI:
a) Preîncălziți cuptorul la 350°F (175°C).
b) Într-un castron, cremă împreună untul înmuiat și zahărul pudră până devine pufoasă.
c) Adăugați gălbenușurile, pe rând, și amestecați bine după fiecare adăugare.
d) Se amestecă extractul de vanilie și coaja de lămâie.
e) Cerneți amidonul de porumb, făina universală și praful de copt. Amestecă până obții un aluat moale.
f) Întindeți aluatul pe o suprafață cu făină la aproximativ 1/4 inch grosime.
g) Tăiați rondele mici folosind un tăietor de biscuiți.
h) Puneti rondele pe o tava tapetata cu hartie de copt si coaceti aproximativ 10-12 minute, sau pana devin usor aurii.
i) Lăsați fursecurile să se răcească complet.
j) Întindeți un strat de dulce de leche pe fundul unui prăjitură și acoperiți cu altul pentru a face un sandviș.
k) Pudrați alfajorele cu zahăr pudră înainte de servire.

92.Helado de Lucuma (înghețată Lucuma)

INGREDIENTE:
- 2 cani de pulpa de lucuma (congelata sau conservata)
- 2 căni de smântână groasă
- 1 cană lapte condensat îndulcit
- 1 lingurita extract de vanilie

INSTRUCȚIUNI:
a) Într-un blender, combinați pulpa de lucuma, smântâna groasă, laptele condensat îndulcit și extractul de vanilie.
b) Amestecați până când amestecul este omogen și bine combinat.
c) Turnați amestecul într-un aparat de înghețată și amestecați conform instrucțiunilor producătorului.
d) Transferați înghețata într-un recipient ermetic și congelați până se întărește.
e) Servește înghețata de lucuma în linguri și bucură-te de acest tratament peruan dulce și cremos.

BĂUTURI

93. Chicha de Jora/Bere de porumb fermentată

INGREDIENTE:
- 2 kilograme de porumb jora (porumb violet)
- 1 kilogram de ananas, tocat
- 1 baton de scortisoara
- 4 cuișoare
- 1 lingura. de frunze uscate de huacatay (opțional)
- 2 litri de apă
- 1 cană de zahăr (ajustați după gust)
- Suc de 2 lime

INSTRUCȚIUNI:
a) Clătiți porumbul jora sub apă rece pentru a îndepărta orice murdărie sau resturi.
b) Pune porumbul jora intr-o oala mare si adauga apa cat sa il acopere. Lăsați-l la macerat peste noapte sau timp de cel puțin 8 ore pentru a se înmoaie.
c) Scurgeți porumbul jora înmuiat și aruncați apa de înmuiat.
d) Într-o oală mare, adăugați porumbul jora înmuiat, ananasul tocat, batonul de scorțișoară, cuișoarele și frunzele uscate de huacatay (dacă se utilizează).
e) Turnați 2 litri de apă în oală, asigurându-vă că toate ingredientele sunt scufundate.
f) Aduceți amestecul la fierbere la foc mediu.
g) Reduceți focul la mic și lăsați să fiarbă aproximativ 2 ore, amestecând din când în când. În acest timp, porumbul își va elibera zaharurile și aromele naturale.
h) După 2 ore, scoateți oala de pe foc și lăsați-o să se răcească la temperatura camerei.
i) Se strecoară lichidul printr-o sită cu ochiuri fine sau o pânză de brânză, aruncând solidele (porumb, ananas, condimente).
j) Reveniți lichidul strecurat în oală și adăugați zahăr după gust. Se amestecă până se dizolvă zahărul.
k) Stoarceți sucul de la 2 lime în oală și amestecați pentru a se combina.
l) Transferați Chicha de Jora/Bere de porumb fermentată într-un ulcior sau într-un pahare de servire individuale.
m) Pune la frigider Chicha de Jora/Bere de porumb fermentată până se răcește sau servește-o pe gheață.
n) Amestecați Chicha de Jora/Bere de porumb fermentată înainte de servire, deoarece se poate așeza și se poate separa în timp.
o) Optional, puteti garni fiecare pahar cu un strop de scortisoara macinata sau o felie de ananas.

94. Chicha Morada/Băutură de porumb violet

INGREDIENTE:
- 2 stiuleți mari de porumb violet
- 8 căni de apă
- 1 ananas, decojit și tăiat în bucăți
- 2 mere, decojite, decupate de miez și tăiate cubulețe
- 1 baton de scortisoara
- 4 cuișoare
- 1 cană zahăr (ajustați după gust)
- Suc de 2 lime
- Cuburi de gheata (pentru servire)
- frunze de mentă proaspătă (pentru garnitură)

INSTRUCȚIUNI:
a) Într-o oală mare, combinați știuleții de porumb violet și apa. Se aduce la fierbere la foc mediu.

b) Reduceți focul la mic și fierbeți aproximativ 30 de minute pentru a extrage aromele și culoarea porumbului.

c) Scoateți știuleții de porumb violet din oală și aruncați-i. Pune lichidul violet deoparte.

d) Într-o oală separată, adăugați bucățile de ananas, merele tăiate cubulețe, batonul de scorțișoară și cuișoarele.

e) Turnați lichidul violet rezervat în oala cu fructele și condimentele.

f) Aduceți amestecul la fierbere, apoi reduceți focul și fierbeți timp de aproximativ 20 de minute, permițând fructelor și condimentelor să-și infuzeze aromele în lichid.

g) Scoateți oala de pe foc și strecurați lichidul pentru a îndepărta solidele. Aruncați fructele și condimentele.

h) Adăugați zahărul și sucul de lămâie, ajustând dulceața și aciditatea după gustul dvs.

i) Lăsați băutura de porumb Chicha Morada/Purple Corn să se răcească la temperatura camerei, apoi lăsați-l la frigider pentru cel puțin 2 ore pentru a se răci.

j) Servește Chicha Morada/Purple Corn Drink peste cuburi de gheață în pahare și ornează cu frunze de mentă proaspătă.

95.Inca Kola (sodă galbenă peruană)

INGREDIENTE:
- 4 căni de apă
- 2 căni de zahăr granulat
- 1 lingura extract de verbena de lamaie
- 1 lingura extract de lamaie
- 1 lingura extract de portocale
- 1 lingura extract de mandarina
- 1 lingura extract de scortisoara
- Colorant alimentar galben (opțional)

INSTRUCȚIUNI:
a) Într-o cratiță, combinați apa și zahărul. Se încălzește la foc mediu, amestecând până când zahărul este complet dizolvat.
b) Se ia de pe foc si se lasa siropul sa se raceasca la temperatura camerei.
c) Adăugați în sirop extractul de verbenă de lămâie, extract de lămâie, extract de portocale, extract de mandarină și extract de scorțișoară. Dacă doriți, adăugați colorant alimentar galben pentru a obține culoarea galben strălucitor.
d) Se amestecă bine și se transferă siropul Inca Kola într-o sticlă sau recipient.
e) Pentru a servi, amestecați siropul cu apă carbogazoasă într-un raport de 3:1 (apă carbogazoasă la sirop) sau ajustați raportul după gustul dvs.
f) Adaugă gheață și bucură-te de gustul dulce și fructat al Inca Kola.

96. Maracuyá Sour (Fructul pasiunii Sour)

INGREDIENTE:
- 2 oz Pisco (coniac de struguri peruvian)
- 1 oz piure de fructul pasiunii
- 1 oz suc proaspăt de lămâie
- 3/4 oz sirop simplu
- Gheață
- Seminte proaspete de fructul pasiunii pentru garnitura (optional)

INSTRUCȚIUNI:
a) Într-un shaker, combinați Pisco, piureul de fructul pasiunii, sucul proaspăt de lămâie și siropul simplu.
b) Adăugați gheață în agitator și agitați energic timp de aproximativ 15 secunde.
c) Strecurați amestecul într-un pahar de modă veche sau într-un pahar de cocktail răcit.
d) Ornați cu semințe proaspete de fructul pasiunii dacă doriți.
e) Servește Maracuyá Sour și bucură-te de aromele tropicale.

97.Ceai de Coca (Mate de Coca)

INGREDIENTE:
- 1-2 pliculețe de ceai de coca sau 1-2 lingurițe de frunze de coca uscate
- 1 cană apă fierbinte
- Miere sau zahăr (opțional)

INSTRUCȚIUNI:
a) Puneți plicul de ceai de coca sau frunzele de coca uscate într-o ceașcă.
b) Turnați apă fierbinte peste pliculețul de ceai de coca sau frunze.
c) Lăsați-l la infuzat timp de 5-10 minute sau până când ajunge la puterea dorită.
d) Îndulciți cu miere sau zahăr, dacă doriți.
e) Bucurați-vă de ceaiul de coca, o infuzie tradițională din plante peruviane, cunoscută pentru aroma sa blândă și pământească.

98.Jugos Naturales (sucuri de fructe proaspete)

INGREDIENTE:
- 1-2 pliculețe de ceai de coca sau 1-2 lingurițe de frunze de coca uscate
- 1 cană apă fierbinte
- Miere sau zahăr (opțional)

INSTRUCȚIUNI:
a) Puneți plicul de ceai de coca sau frunzele de coca uscate într-o ceașcă.
b) Turnați apă fierbinte peste pliculețul de ceai de coca sau frunze.
c) Lăsați-l la infuzat timp de 5-10 minute sau până când ajunge la puterea dorită.
d) Îndulciți cu miere sau zahăr, dacă doriți.
e) Bucurați-vă de ceaiul de coca, o infuzie tradițională din plante peruviane, cunoscută pentru aroma sa blândă și pământească.

98.Jugos Naturales (sucuri de fructe proaspete)

INGREDIENTE:
- Fructe proaspete asortate (de exemplu, papaya, mango, ananas, portocale, guanabana)
- Apă sau lapte (pentru versiunile cremoase)
- zahăr (opțional)

INSTRUCȚIUNI:
a) Alegeți combinația dorită de fructe proaspete și tăiați-le în bucăți.
b) Pune bucățile de fructe într-un blender.
c) Adăugați apă sau lapte pentru a obține consistența preferată (apă pentru un suc mai subțire, lapte pentru mai cremos).
d) Se amestecă până la omogenizare.
e) Gustați și adăugați zahăr dacă este necesar pentru dulceață.
f) Strecurați sucul pentru a îndepărta orice pulpă, dacă doriți.
g) Serviți sucul proaspăt de fructe peste gheață și bucurați-vă de aromele naturale și vibrante.

99. Pisco Punch

INGREDIENTE:
- 2 oz Pisco (coniac de struguri peruvian)
- 1 oz suc de ananas
- 1/2 oz suc proaspăt de lămâie
- 1/2 oz sirop simplu
- Gheață
- Feliie proaspătă de ananas sau cireșe pentru decor

INSTRUCȚIUNI:
a) Într-un shaker, combinați Pisco, sucul de ananas, sucul proaspăt de lămâie și siropul simplu.
b) Adăugați gheață în agitator și agitați energic timp de aproximativ 15 secunde.
c) Strecurați amestecul într-un pahar de modă veche sau într-un pahar de cocktail răcit.
d) Se ornează cu o felie proaspătă de ananas sau cireșe.
e) Serviți Pisco Punch și savurați aromele tropicale.

100. Coctel de Camu Camu (Cocktail de fructe Camu Camu)

INGREDIENTE:
- 2 cani de fructe proaspete de camu camu (sau suc de camu camu, daca este disponibil)
- 1/2 cană pisco (coniac de struguri peruvian)
- 2 linguri miere
- 1 cană de gheață
- Fructe proaspete de camu camu pentru garnitură (opțional)

INSTRUCȚIUNI:
a) Într-un blender, combinați fructele proaspete de camu camu, pisco, mierea și gheața.
b) Se amestecă până la omogenizare.
c) Gustați și ajustați dulceața adăugând mai multă miere dacă doriți.
d) Turnați Coctel de Camu Camu în pahare.
e) Ornați cu fructe de pădure proaspete camu camu, dacă sunt disponibile.
f) Servește cocktailul camu camu și bucură-te de aroma unică și acidulată a acestui fruct amazonian.

CONCLUZIE

Pe măsură ce odiseea noastră de mâncare stradală peruană se apropie de sfârșit, sperăm că v-ați bucurat de această aventură delicioasă pe străzile din Peru. Cu fiecare mușcătură, ați călătorit mai adânc în inima unei culturi culinare pe cât de diversă, pe atât de aromată.

Vă încurajăm să continuați să explorați lumea street food-ului peruan, atât în propria bucătărie, cât și, dacă este posibil, pe străzile pline de viață din Peru. Încearcă-ți rețetele, împărtășește-le prietenilor și familiei și savurează amintirile călătoriei tale.

Amintiți-vă că lumea street food-ului nu este doar despre mâncare; este vorba despre conectarea cu comunitățile, îmbrățișarea diferitelor tradiții și împărtășirea bucuriei meselor delicioase. Sperăm că această carte v-a inspirat să căutați aromele autentice ale mâncării stradale peruane și, poate, să vă îmbarcați în propria odisee culinară. Vă mulțumim că v-ați alăturat acestei aventuri aromate și fie ca viitoarele voastre mese să fie mereu pline de spiritul culturii street food din Peru. Poftă bună!

www.ingramcontent.com/pod-product-compliance
Lightning Source LLC
Chambersburg PA
CBHW071315110526
44591CB00010B/903